MEGA
Pferde

MEGA

Pferde

1000 Tipps für Pferdefreunde

von Edgar Wüpper

Illustrationen von Ines Vaders-Joch

Loewe

Bibliografische Information
Der Deutschen Bibliothek
Die Deutsche Bibliothek verzeichnet
diese Publikation in der Deutschen Nationalbibliografie;
detaillierte bibliografische Daten sind im Internet
über http://dnb.ddb.de abrufbar.

Der Umwelt zuliebe ist dieses Buch
auf chlorfrei gebleichtem Papier gedruckt.

ISBN 3-7855-4678-5 – 1. Auflage 2003
© 1996, 2003 Loewe Verlag GmbH, Bindlach
Gekürzte Version der unter dem Titel
Alles über Pferde
beim Verlag erschienenen Originalausgabe.
Umschlagfotos: Agentur Sorrel
Herstellung: Silke Dumproff
Umschlaggestaltung: Andreas Henze
Gesamtherstellung: GGP Media, Pößneck
Printed in Germany
www.loewe-verlag.de

Inhalt

Das Reiten

Die Gesundheit des Pferdes

Pferdehaltung

Anhang

Was ist ein Pferd?

Pferde sind Lauftiere

Jedes Pferd ist anders und unterscheidet sich von seinen Artgenossen. Trotzdem erkennen wir sie alle als Pferde.

Jedes Lebewesen entwickelte sich innerhalb mehrerer Millionen Jahre so, dass es in seiner Umwelt zurechtkommt und seinen speziellen Lebensraum findet. Darauf stellten sich auch der Körperbau des Pferdes ein, seine Sinne und das Verhalten der Pferde untereinander.

Pferde sehen die Welt mit ihren Augen, aus ihrer Sicht und ihren Interessen. Diese unterscheiden sich sehr stark von denen anderer Tiere oder von uns Menschen.

Pferde gibt es in den unterschiedlichsten Lebensräumen. Sie leben in den trockenen und heißen Wüstenlandschaften Afrikas und Asiens und auch im kargen und frostreichen Island. Sie sind auf den saftigen Wiesen Norddeutschlands genauso zu Hause wie in den feuchten Überschwemmungsgebieten Südfrankreichs. Aber alle diese Pferde sind sich ähnlich in ihrer Gestalt und ihrem Verhalten.

Betrachten wir zunächst das Äußere des Pferdekörpers:

- Der Kopf ist ziemlich lang. So sind die Augen beim Fressen vor harten Grashalmen geschützt. In dem langen Kopf hat außerdem die Riechschleimhaut der Nase viel Platz.

- Die Augen sitzen hoch und seitlich, um eine gute Rundumsicht zu ermöglichen.
- Die Nüstern sind groß, damit sie große Mengen Luft einsaugen und beriechen können.
- Die Ohren haben Trichterform und sind sehr beweglich. So sind sie bestens darauf eingerichtet, alle möglichen Geräusche aufzufangen. Auch solche, die wir Menschen nicht hören können. Haare in der Ohrmuschel schützen das Ohr vor Staub, Fliegen und Nässe.
- Die Zähne entsprechen denen von Pflanzenfressern.
- Pferde haben gute Schneide- und Mahlzähne.
- Der Hals ist lang, damit Pferde auch Blätter von Bäumen erreichen können. Die Mähne schützt die große Drosselvene an der unteren Halsseite vor Angriffen.
- Der Brustkorb ist tief angesetzt, damit das Herz und die große Lunge genügend Platz haben.
- Der Unterleib ist massig, denn Pflanzenfresser haben eine langsame Verdauung mit einem umfangreichen Darmsystem.
- Der Schweif schützt vor Nässe und Kälte. Im Sommer ist er ein guter Fliegenwedel.

- Die Geschlechtsteile von Stuten und Hengsten liegen an warmer und geschützter Stelle zwischen den Hinterbeinen.
- Das Fell ist den Jahreszeiten und Lebensräumen angepasst.
- Die Beine sind lang und ermöglichen bei Gefahr eine schnelle Flucht.
- Die Füße bestehen aus Hufen, die zum Fortbewegen über harte wie weiche Böden geeignet sind.

Demnach ist das Pferd aufgrund seines Körperbaus ein Lebewesen, das sich über Jahrtausende an die Lebensbedingungen der Grassteppen angepasst hat und sich seinen Feinden durch Flucht entzieht.

Für sein Überleben sind gute Sinnesorgane, wie Augen und Ohren, gesunde Gliedmaßen, ein kräftiges Herz und eine leistungsfähige Lunge, wichtig.

Der Pferdekörper

Das Skelett und die Muskeln

Das Skelett, also die Knochen, ist das Gerüst des Pferdekörpers. Es wird in drei Bereiche unterteilt:

- das Kopfskelett
- das Rumpfskelett
- die Gliedmaßen

Das Kopfskelett oder der Schädel wird von einer Anzahl Knochenplatten gebildet, die auch die Kopfform des Pferdes bestimmen. Dabei gibt es geringe Unterschiede zwischen den Pferderassen.

Das Rumpfskelett besteht aus der Wirbelsäule, den Rippen und dem Brustbein. Die Wirbelsäule durchzieht den Körper vom Hinterkopf bis zur Schweifrübe. Die einzelnen Wirbel sind dabei mit Muskeln, elastischen Bändern und Gelenken verbunden.

Die Wirbelsäule bildet eine Brücke zwischen den Vorder- und Hinterbeinen. Sie überträgt die kraftvollen Bewegungen von hinten nach vorne und muss das Gewicht der Eingeweide abfangen. Dazu kommt beim

Reiten noch die Belastung durch den Reiter. Die Wölbungen der Wirbelsäule und die Krümmungen im Hals schaffen das spielend. Und somit trägt sich der Rücken selbst und braucht dazu keine Muskelkraft.

Gleich hinter dem Halsansatz befindet sich der Widerrist. Ein langer und hoher Widerrist ist günstig. Zum einen verhindert er ein Durchsinken des Rückens, und zum anderen verkürzt er die Rückenpartie. Das verbessert die Bewegungskraft von den Hinterbeinen nach vorne.

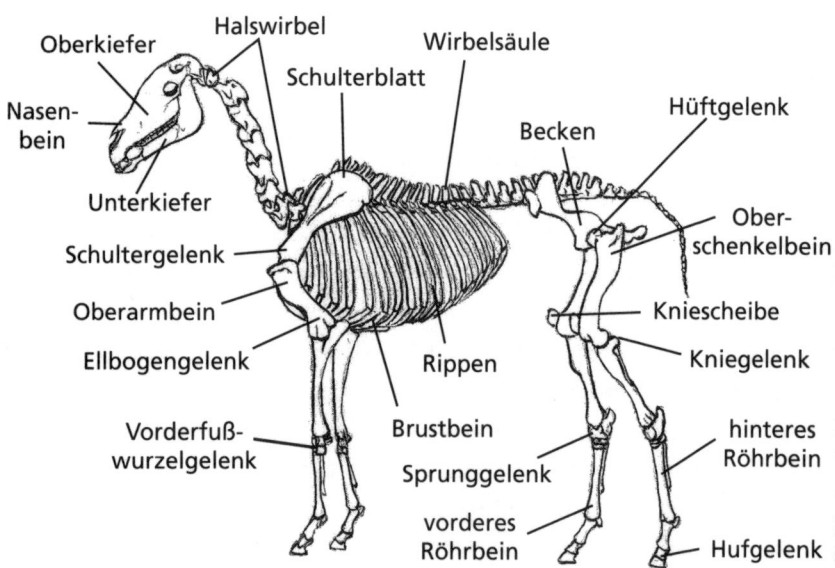

Der Brustkorb schließlich wird von der Wirbelsäule, den Rippen und dem Brustbein gebildet. In diesem Knochengewölbe befinden sich die Lunge und das Herz. Ein lang ausgeformter Brustkorb schafft genügend Platz für diese beiden lebenswichtigen Organe und ist daher sehr günstig.

Die Gliedmaßen

Die Vorderbeine des Pferdes sind nur durch Muskeln mit dem Rumpf verbunden. Die Länge und Schräge der Schulterblätter bestimmen dabei entscheidend die Beweglichkeit der Beine, die Schrittlänge und die Elastizität zum Abfangen von Stößen.

Die unteren Teile des Vorderbeins sind durch Gelenke miteinander verbunden und durch straffe Bänder begrenzt. So können Pferde die Knochen des Fußes strecken und beugen, aber nur wenig drehen.

Bei den Hinterbeinen gibt es eine Besonderheit. Die bewegliche Kniescheibe kann mittels des Kniescheibenbands in einer Ausbuchtung eingehakt werden. So wird das Kniegelenk festgestellt, ohne Energieverbrauch oder Ermüdung. Wir können das beim Schlafen oder Dösen des Pferdes beobachten, wenn es mit leicht angewinkeltem Hinterbein völlig entspannt dasteht. Ponys haben im Unterschied zu den Großpferden an den Vorderfüßen statt Röhrenknochen kräftigere Flachknochen, die eine höhere Belastung aushalten können.

Die Kopfformen

gerader Kopf

Hechtkopf

Keilkopf

Ramskopf

Das Blut und die Atmung

Das Blut durchpulst den gesamten Körper. Das System der Blutbahnen nennt man Kreislauf.

Dazu gehört auch das Herz. Es liegt zwischen der dritten und sechsten Rippe im Brustraum und ist wie ein Motor der Blutbewegung. Das Herz erhöht die Leistungskraft des Körpers bei stärkeren Belastungen. Dann lässt dieser Motor das Blut schneller fließen, und die Anzahl der Herzschläge erhöht sich.

Im normalen Zustand beträgt die Zahl der Herzschläge pro Minute zwischen 28 und 44, bei einem jungen Fohlen ungefähr 76. Bei größeren Anstrengungen, wie zum Beispiel einem längeren Galopp, steigt die Herztätigkeit auf über 200 Schläge pro Minute an.

Die Blutgefäße, die vom Herzen zu den verschiedenen Körperorgancn führen, heißen Arterien. Sie fangen den Blutstoß aus dem Herzen auf und leiten ihn in leichten Druckwellen weiter. An den Schlagadern kann man das als Pulsschlag fühlen.

Das Blut hat mehrere Aufgaben. Eine der wichtigsten ist der Transport von Nährstoffen zu den entsprechenden Körperorganen. Was nicht verarbeitet wird, fließt in die Ausscheidungsorgane. Das Blut übernimmt auch die Wärmeverteilung im Pferdekörper.

Zu der Blutmenge, die dauernd im Körper kreist, kommt eine große Reserve in der Milz und der Leber. Sie wird je nach Bedarf (vor allem bei starker Anstrengung) dem Blutkreislauf zugeführt.

Ein Pferd atmet ungefähr zehn- bis vierzehnmal in der Minute. Bei starker Beanspruchung oder sommerlicher Hitze ist die Anzahl der Atemzüge höher.

Die Nüstern nehmen jedes Mal zwischen vier und

sechs Liter Luft auf. Die Luft strömt durch die Nasen-
und Rachenhöhle, den Kehlkopf, die Luftröhre und die
Bronchien in die Lunge. Dieser Luftkanal ist durchge-
hend mit feinen Flimmerhärchen und einer Schleim-
haut geschützt.

In der Rachenhöhle kreuzen sich die Luft- und die
Speiseröhre. Dabei verhindert eine Sperre, dass das Pferd
durch das Maul atmen kann. Die Lungen nehmen den
gesamten Brustraum ein. Er dehnt sich mithilfe der Rip-
penmuskeln und des Zwerchfells aus und saugt damit
die Atemluft an. Beim Ausatmen erschlafft die Muskulatur, und der Brustraum fällt zusammen.

Die Verdauung

Beim Fressen zupfen Pferde kurzes Futter mit den Lippen ab. Bei längerem Futter hilft die Zunge, während
die Pflanzen auf der Weide von den Schneidezähnen ab-
gerissen werden.

Pferde sammeln das Futter zunächst in der Maulhöhle,
wo sie es erst einmal gründlich einspeicheln und kauen.
Die Zunge verteilt das Futter nach rechts und links zu
den Mahlzähnen.

Mit dem Speichel rutscht die Masse durch die Speiseröhre in den sehr kleinen Magen, der kaum mehr als 20 Liter Inhalt fasst. Im Magen beginnt die Verdauung, die dann im Dünndarm fortgesetzt wird. Dabei werden hauptsächlich die drei Grundnährstoffe Eiweiß, Kohlenhydrate und Fett so aufgearbeitet, dass sie der Körper verwerten kann. Auch die Leber ist ein ganz wichtiges Organ für die Verdauung. Sie speichert Eiweiß und kann viele Gifte im Körper unschädlich machen.

Im Dickdarm, der aus Blind-, Grimm- und Mastdarm besteht, wird der restliche Nahrungsbrei von den unverdaulichen Bestandteilen des Futters getrennt. Zum Schluss bleibt der Kot übrig, der im Mastdarm gesammelt und in regelmäßigen Abständen ausgeschieden wird – als Pferdeäpfel!

Durch die Verdauung werden dem Pferdekörper Nährstoffe zugeführt. Sie dienen dem Aufbau von Körperzellen und der Gewinnung von Energie, die zum Beispiel beim Reiten verbraucht wird.

Die Zähne

Mit den Zähnen zermahlen Pferde ihr Futter, damit sie es verdauen können. Das Pferd hat auf jeder Kieferseite drei Schneidezähne – Zange, Mittel- und Eckzahn – und sechs Backenzähne. Die hinteren drei Backenzähne heißen Molaren, die vorderen Praemolaren. Bei männlichen Pferden kommt noch auf jeder Seite ein Hakenzahn dazu. Insgesamt haben Hengste und Wallache normalerweise 40, Stuten 36 Zähne.

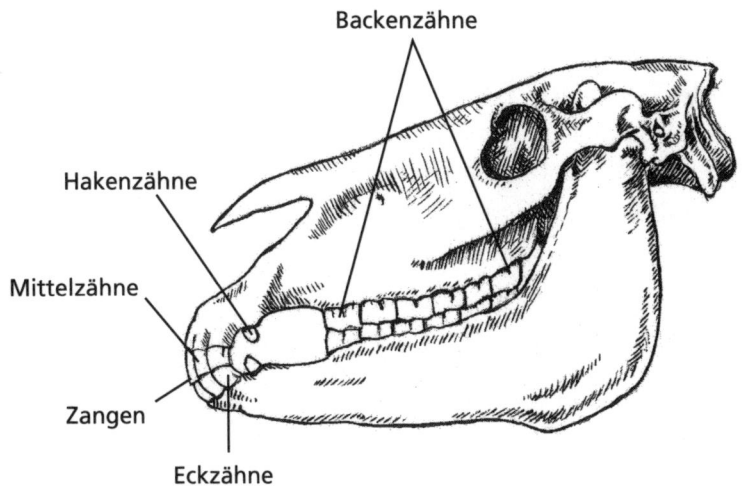

Da sich Pferdezähne ziemlich stark abnutzen, wachsen sie immer etwas nach. Im Laufe der Jahre verändern sich auch die Form und die Stellung der Schneidezähne. Sie sind erst queroval, später werden sie dreieckig und im Alter längsoval. Auf der Zahnfläche befinden sich Vertiefungen, die Kunden. Auch sie verändern ihr Aussehen. Die Kunden der oberen Schneidezähne sind tiefer. Anhand dieser Kunden und der Zahnform kann das Alter eines Pferdes ungefähr bestimmt werden.

Aber auch bei Pferden hat nicht jedes Tier ein gleich gutes Gebiss. Die Abnutzung der Zähne ist bei allen Pferden unterschiedlich. So bleiben diese Veränderungen hauptsächlich Anhaltspunkte, nach denen man das Alter eines Pferdes schätzen kann.

Für Ponys und Kleinpferde gelten außerdem andere Gesetzmäßigkeiten. Da sie nämlich im Durchschnitt ein höheres Alter erreichen, wachsen auch die Zähne langsamer nach.

Die Hufe

Die Hufe sind für Pferde absolut lebenswichtig. Denn die meiste Zeit seines ganzen Lebens ist das Pferd in Bewegung und immer auf der Hut, um bei Gefahr schnell zu flüchten. Die Hufe müssen das gesamte Körpergewicht tragen und beim Reiten dann auch noch den Reiter. Sie müssen Frost und Hitze aushalten, gegen steinigen wie matschigen Boden ganz unempfindlich sein, Galoppsprünge abfedern und aus vollem Lauf stoppen können. Deshalb heißt auch ein alter Reiterspruch: „Ohne Huf kein Pferd."

Der Huf besteht aus Knochen, Sehnen, Bändern, Gewebe, der Huflederhaut, Nerven und der Hornkapsel. Die Hornkapsel umschließt die Hufwand, den Strahl und die Sohle. Der Huf wirkt deshalb nach außen starr und unbeweglich.

Aber die Mischung aus festem und weichem Horn, der federnde Strahl und die Schrägstellung der Hufwände bewirken, dass sich die Hornkapsel bei Belastung sehr leicht spreizt. Dabei federt der Strahl wie ein Pufferkissen und sorgt so dafür, dass die Huflederhaut gut durchblutet wird. Das ist für das Hornwachstum wichtig.

Außerdem unterstützt dieser Hufmechanismus den Blutkreislauf, indem er das Blut aus den Beinen wieder zum Herz zurückpumpt. Bei Pferden, die viel in Boxen stehen und sich wenig bewegen, kann dieser Mechanismus gestört sein. Es gibt dann Stauungen und dicke Beine.

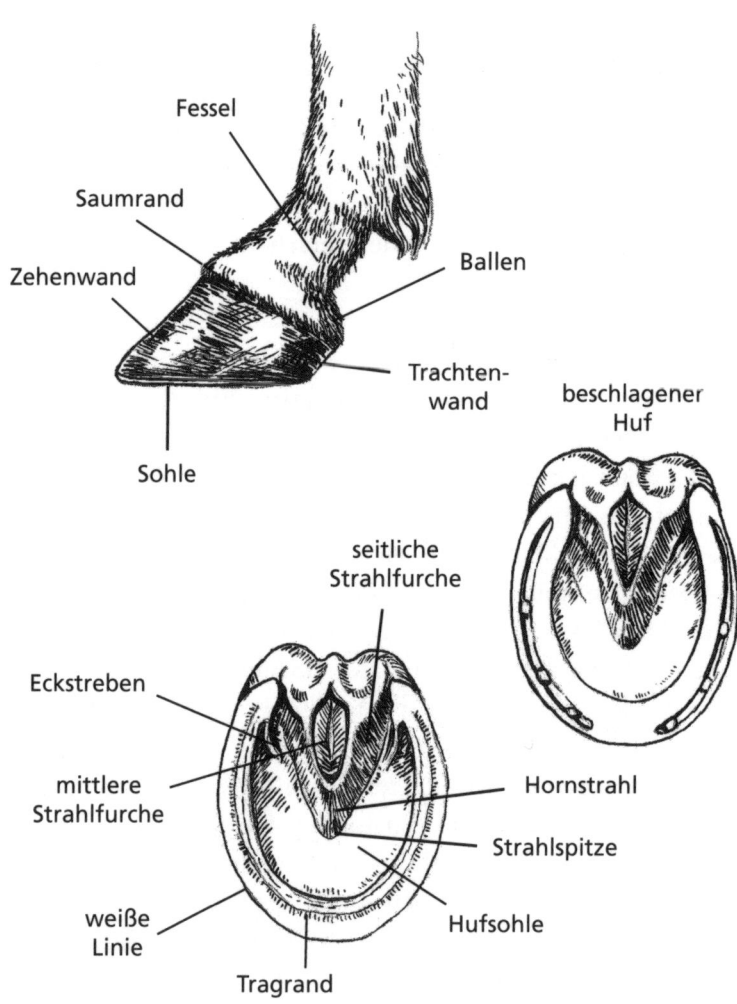

Fessel

Saumrand

Zehenwand

Ballen

Trachten-
wand

Sohle

beschlagener
Huf

seitliche
Strahlfurche

Eckstreben

mittlere
Strahlfurche

Hornstrahl

Strahlspitze

weiße
Linie

Hufsohle

Tragrand

Das Fell und die Abzeichen

Die Haut umschließt den Körper des Pferdes wie ein schützender Mantel. Sie besteht aus drei Schichten.

Ganz außen ist die Oberhaut mit dem Fell, darunter die Lederhaut und ganz innen die Unterhaut. Die Stärke der letzten Häute hängt von der Rasse des Pferdes, dem Klima und auch der Ernährung ab. Diese Häute sind auch mit Blutgefäßen, Nervenpunkten und Schweißdrüsen durchsetzt. Allein ein Drittel der Körperblutmenge pulsiert durch die unteren Hautschichten.

Die Haut hat die Aufgabe, den Körper vor Nässe, Kälte und Hitze zu schützen. Sie regelt auch die Körpertemperatur. Überschüssige Wärme wird über die Schweißdrüsen abgesondert.

Pferde haben vier verschiedene Haararten:

- die kurzen und festen Deckhaare
- die weichen Wollhaare
- die langen Schutzhaare
- die borstigen Tasthaare

Wie dick, dicht und lang das Deckhaar über den gesamten Körper verteilt ist, hängt davon ab, zu welcher

Rasse das Pferd gehört und wie es gehalten wird. Pferde, die jeden Tag im Jahr draußen herumlaufen, haben im Herbst und Winter ein längeres Fell und meist auch eine andere Haarfärbung.

Im Winter wachsen zwischen den Deckhaaren die Wollhaare als zusätzlicher Schutz vor Kälte.

Als Schutzhaare werden der Schopf und die Mähne, die Haare in den Ohrmuscheln, die Schweifhaare und der Behang an den Beinen bezeichnet. Sie schützen vor Staub und Nässe, Fliegen und Wind.

Tasthaare sind dicke lange Borstenhaare um das Maul und die Augen. Sie sind über Nervenfasern mit dem Tastsinn verbunden.

Pferdehaare bestehen aus einer Mark- und einer Rindenschicht. In ihnen befinden sich Farbstoffe, die Pigmente, die die Fellfarbe bestimmen.

Die ursprünglichen Wildpferde hatten eine graubraune oder fahlgelbe Fellfarbe.

Erst durch gezielte Züchtung vergrößerte sich die Farbpalette.

Grundsätzlich werden zwei Gruppen unterschieden: Pferde mit einfarbigem Haar und Pferde mit Haaren in verschiedenen Farben.

Zu den Pferden mit einfarbigen Haaren gehören:

- Albinos
- Isabellen
- Füchse
- Falben
- Braune
- Rappen

Albinos werden schon weiß geboren. Ihrer Haut und ihren Haaren fehlen die Farbpigmente. Sogar ihre Augenwimpern sind schneeweiß. Heute sind diese Pferde sehr selten.

Isabellen haben eine hell- bis goldgelbe Färbung. In den USA wird diese Farbzüchtung mit weißem Schweif und weißer Mähne Palomino genannt.

Das Fell der Füchse hat einen roten Grundton in verschiedenen Abstufungen. Fachleute unterscheiden deshalb Hellfüchse, Füchse und Dunkelfüchse.

Falben sind gelbgrau und haben schwarzes Schutzhaar. Auf dem Rücken haben alle Falben einen dunklen Aalstrich.

Auch bei den Braunen wird zwischen Hellbraunen, Dunkelbraunen und Schwarzbraunen unterschieden. Diese Farben sind bei den Warmblutrassen vorherrschend.

Die Rappen haben schwarzes Fell, schwarzes Schutzhaar und dunkle Hufe. Glanzrappen werden Pferde genannt, die tiefschwarz glänzen. Bei den Friesen ist die Rappfarbe rassetypisch.

Bei den meisten Pferden verändert sich das Fell mit dem Wechsel der Jahreszeiten.

Zu den Pferden mit gemischten Haaren gehören:

- Schimmel
- Stichelhaarige
- Schecken

Schimmel werden dunkel geboren. Mit jedem Haarwechsel im Frühling und im Herbst verändert sich dann die Färbung ihres Fells. Sie wird immer heller, denn in die Markschicht der Haare tritt Luft ein, die schließlich das Fell weiß erscheinen lässt. Nach der Art der Grau- oder Brauntönung unterscheiden Fachleute Fuchsschimmel, Braunschimmel oder Rappschimmel.

Stichelhaarig bedeutet, dass das Fell eines dunklen Pferdes mit weißen Härchen durchsetzt ist.

Bei den Schecken wechseln im Fell Stellen mit farbigen und pigmentlosen Haaren, sodass unregelmäßige Flecken entstehen. In den USA gibt es die Farbzuchten der Pintos und Appaloosas. Auch bei Islandponys und Shettys sind Schecken häufig vertreten.

Abzeichen sind weiße Flecken – hauptsächlich am Kopf –, die angeboren sind und sich auch im Laufe des Pferdelebens nicht verändern. Deshalb werden sie in die Papiere eingetragen, weil man das Pferd daran erkennen kann.

Es gibt Kopfabzeichen in verschiedener Lage, Form und Größe:

Stirnhaare: einzelne weiße Stichelhaare auf der Stirn verteilt

Flocke: ein kleines weißes Abzeichen auf der Stirn

Stern: ein etwas größerer Fleck auf der Stirn

Strich: ein schmales weißes Zeichen auf dem Nasenrücken

Blesse: Sie beginnt auf der Stirn und reicht bis über den Nasenrücken, die Nüstern oder an die Oberlippe. Das Abzeichen kann unterschiedliche Länge und Breite haben. Geht es bis über die Augenbögen, wird es Laterne genannt.

Schnippe: So heißt ein kleineres Abzeichen zwischen den Nüstern oder auf der Oberlippe.

Krötenmaul: ein rosafarbenes, schwarz geflecktes Maul

Milchmaul: bis zu den Nüstern weiß gefärbtes Maul

Flocke

schmale Blesse

Stern

Milchmaul

Schnippe

34

Neben den Kopfabzeichen gibt es auch Beinabzeichen, die je nach Lage, Größe und Form bezeichnet werden.

Der Pferdekörper auf einen Blick

1. Das Pferd ist ein Bewegungstier. Sein Körper ist darauf eingerichtet, schnell und ausdauernd zu laufen.

2. So sind die Wirbelsäule, die Rumpfmuskulatur und die Stellung der Gelenke sowohl für das gemütliche Bummeln auf der Weide wie auch für eine blitzartige Flucht geeignet.

3. Sein kräftiges Herz und seine leistungsfähige Lunge geben dem Pferd die Leistungsstärke.

4. Von allen Haustieren hat das Pferd im Vergleich zu seinem Körpergewicht die höchste Blutmenge. Das Blut sorgt für den Transport der Nährstoffe zu den Organen und regelt die Wärmeverteilung im Körper.

5. Pferde sind Pflanzenfresser und nehmen auf der Weide am Tag etwa 17 Stunden lang ständig Nahrung zu sich. Sie haben einen kleinen Magen, aber ein umfangreiches Darmsystem mit einer langsamen Verdauung.

6. Um Pflanzen zu fressen, brauchen Pferde Schneide- und Backenzähne. Stuten haben 36, Hengste 40 Zähne. Im Laufe der Zeit verändern sich die Zähne so, dass man daraus auf das Alter der Pferde schließen kann.

7. Für das Lauftier Pferd sind die Hufe besonders wichtige Körperteile. Sie müssen den Körper tragen, abfedern, bremsen und fortbewegen. Außerdem hilft der Hufmechanismus, das Blut aus den Beinen in den Körper zurückzupumpen.

8. Die Hautschichten schützen den Körper vor Nässe, Kälte und Hitze. Sie gleichen die Körpertemperatur aus. Im Herbst und im Frühjahr wechselt das Fell und passt sich auf diese Weise den Jahreszeiten an.

9. Die Farben und Abzeichen eines Pferdes sind in seinem Abstammungsnachweis vermerkt und dienen der Identifizierung. Das gilt besonders für die Abzeichen, da diese sich ein Leben lang nicht verändern.

Die Sinne des Pferdes

Das Pferd ist von Natur aus ein Fluchttier. Deshalb haben die Sinne die Aufgabe, die Umgebung zu überwachen, um eine Gefahr frühzeitig zu erkennen.

Dabei arbeiten alle Sinne zusammen. Pferde erforschen unbekannte Gegenstände mit den Augen, den Ohren, der Nase, der Zunge, den Tasthaaren und der Haut. Diese Eindrücke übertragen Nervenfasern blitzschnell ins Gehirn. Und das gibt bei Gefahr den Befehl: „So schnell wie möglich fliehen!"

Vor unbekannten Gegenständen und Geräuschen ist das Pferd immer auf der Hut, alles in der Umgebung wird sorgfältig beobachtet. Dabei haben die Sinne ganz bestimmte Aufgaben. Pferde können dadurch:

- immer den Überblick behalten
- feinste Geräusche einordnen
- Gefährliches von Harmlosem unterscheiden
- sich in ihrer Umwelt zurechtfinden
- geeignetes Futter aussuchen
- den Geschmack von Nahrungsmitteln testen
- Gerüche aller Art wahrnehmen
- andere Pferde und auch den Menschen verstehen

Dabei müssen wir wissen, dass die Sinne der Pferde sehr gut ausgebildet und denen des Menschen weit überlegen sind.

Gute Augen – auch bei Nacht

Beim Menschen oder auch bei Katzen liegen die Augen vorn im Kopf. Beim Pferd ist das anders. Die Augen liegen seitlich und ermöglichen dem Pferd fast eine Rundumsicht nach vorne, zur Seite und nach hinten.

Dadurch hat das Pferd ein viel größeres Blickfeld als der Mensch. Nur genau hinter sich kann das Pferd nicht sehen, ohne den Kopf zu drehen.

So funktioniert das Pferdeauge: Ein Bündel Lichtstrahlen, die von der Iris gesteuert werden, fällt auf die

Augenlinse und ergibt ein Abbild der Umwelt auf der Netzhaut. Über den Sehnerv wird diese Information an das Gehirn weitergeleitet.

Jedes Pferdeauge hat sein eigenes Blickfeld. Auf diese Weise schaut jedes Auge in eine andere Richtung und nimmt dort alles wahr, was vor, neben und hinter dem Pferd passiert.

Das Pferd kann auch beide Augen gleichzeitig auf einen Punkt richten. Dazu schaut es gerade nach vorne und senkt den Kopf. So kann es beide Augen gleichzeitig auf einen Gegenstand richten.

Im Vergleich zu den Augen anderer Tiere ist das Pferdeauge sehr groß. Es ist um einiges größer als die Augen von viel massigeren Tieren, wie zum Beispiel denen des Elefanten oder des Wals. Ein großes Auge bedeutet zum einen natürlich eine bessere Rundumsicht. Zum anderen kann ein größeres Auge aber auch viel mehr Licht einfangen. Pferde können deshalb in der einsetzenden Dämmerung und in der Nacht sehr gut sehen. Im Gegensatz zu unseren menschlichen Augen hat das Pferd in der Netzhaut viele lichtempfindliche Stäbchen, die wie ein Spiegel wirken und die einfallende Lichtmenge verdoppeln. So kann ein Pferd bei Dunkelheit besser sehen als ein Mensch, und seine Augen leuchten, wenn sie nachts angestrahlt werden.

Die Stellung der Augen und ihre Form sind für das Leben der Pferde in ihrer natürlichen Umgebung sinnvoll.

Die meiste Zeit des Tages verbringt ein Pferd damit, sich im Schritt über die Weide zu bewegen und mit gesenktem Kopf Gras zu fressen. Dabei hat es einen sehr guten Rundumblick, ohne den Kopf dabei drehen zu müssen.

Mit diesem Panoramablick sieht das Pferd alles, was

wichtig ist. Es sieht seine Nahrung, und es kann Feinde frühzeitig entdecken, die sich anschleichen. Und es kann beobachten, was die anderen Pferde aus seiner Herde machen.

Die Ohren, der Tastsinn und die Nase ergänzen die Wahrnehmungen des Auges.

Um bestimmte Gegenstände besonders scharf sehen zu können, hebt oder senkt das Pferd den Kopf. So bringt es die Augen in die richtige Stellung.

Die Augen selbst bewegt ein Pferd normalerweise nicht. Sie bleiben meist ruhig. Nur beim Spielen, bei Stress oder Angst rollt das Pferd mit den Augen. Dann werden die weißen Teile der Netzhaut sichtbar.

Weil Pferdeaugen auch in der Dämmerung oder Dunkelheit noch Licht aufnehmen können, sehen Pferde im Dunkeln wesentlich besser als Menschen. Untersuchungen zeigen, dass Pferde auch bei schlechten Lichtverhältnissen noch sicher galoppieren und sogar springen können.

Viele Fachleute haben sich mit der Frage beschäftigt, ob Pferde farbenblind sind oder ob sie verschiedene Farben unterscheiden können.

Der bekannte Tierforscher Grzimek stellte fest, dass Pferde die Farben Gelb, Grün und Blau erkennen und unterscheiden können. Russische Forscher kamen zum gleichen Ergebnis.

Ein Pferd sieht nicht, was direkt vor seinem Kopf passiert. Geht ein – vielleicht sogar bekannter – Besucher zu einem Pferd und hebt die Hand, um es zu streicheln, kann es erschrecken und Angst bekommen. Am besten geht man von seitlich vorne auf das Pferd zu und berührt es zunächst mit der Hand am Hals oder am Maul. Die Begrüßung auf Pferdeart geht so: Wir gehen langsam auf das Pferd zu und warten, bis es uns neugierig und interessiert den Kopf entgegenstreckt. Das Gleiche machen wir dann auch und blasen leicht unseren Atem in Richtung Pferdenase. Auf diese Weise lernt man sich am besten kennen!

Wachsame Ohren

Pferde hören viel besser als Menschen. Sie hören Stimmen und Geräusche viel früher, als Menschen sie wahrnehmen.

Dabei nehmen Pferde mit ihrem ganzen Körper Geräusche auf. Pferde hören nicht nur mit den Ohren. Auch die Schwingungen des Erdbodens leiten Nerven von den

Hufen zum Gehirn weiter. Die Sinne des Pferdes sind immer aufmerksam. Selbst beim Dösen oder Fressen nehmen Pferde interessante Geräusche sofort wahr. Sie erforschen diese Geräusche, indem sie den Kopf heben und die Ohren spitzen. So sind Pferde immer auf der Hut und schützen sich vor unliebsamen Überraschungen.

Die Ohren des Pferdes sind sehr beweglich. Es kann sie in fast alle Richtungen drehen. Das liegt hauptsächlich daran, dass sich beide Pferdeohren durch viele Muskeln unabhängig voneinander bewegen. So kann das Pferd genauer hören.

Die Ohrmuscheln sind immer in die Richtung gerichtet, aus der ein Geräusch zu hören ist – ganz gleich, ob das vor, neben oder hinter dem Pferd ist.

Je interessanter oder beunruhigender ein Geräusch ist, umso eher dreht das Pferd den Kopf oder sogar den gesamten Körper in diese Richtung.

Beim Hören fängt die Ohrmuschel die Schallwellen auf. Im Mittelohr werden diese Schallwellen verstärkt und in das innere Ohr weitergeleitet. Dort befinden sich Hörzellen, die über den Hörnerv an das Gehirn Informationen weitergeben. Pferde können auch ganz genau hören, aus welcher Richtung ein Geräusch kommt. Jedes Pferdeohr dreht sich so hin und her, dass möglichst viele Tonschwingungen aufgefangen werden. Diese erforscht das Pferd aufmerksam und achtet dabei genau darauf, wie unterschiedlich das Geräusch jedes Ohr erreicht und mit welchem Zeitunterschied die Töne in beide Ohren eindringen. Nach dieser blitzschnellen Untersuchung kann das Pferd feststellen, woher das Geräusch kommt.

Pferde erkennen auch sofort unsere Schritte, wenn wir in den Stall kommen, oder das Geräusch unseres Autos, wenn wir zur Weide fahren. Kommen wir mit einem anderen Auto, gucken sie zwar interessiert, laufen aber erst zum Zaun, wenn wir aussteigen und sie rufen. Sonst kommen sie schon beim Geräusch unseres Autos.

Pferde können auch sehr gut verschiedene Wörter unterscheiden. Deshalb erleichtern wir uns mit unserer Sprache vieles im Umgang mit Pferden. Mit Wörtern können wir viele Kommandos einüben. Das geht von „Komm!" und „Steh!" bis zu Hilfen beim Reiten. Manche Pferde reagieren auf Wörter wie „Trab" oder „Galopp", ohne dass der Reiter andere Hilfen gibt.

Die Stimme ist wichtig, um Pferde zu beruhigen. Beim Loben wird sie genauso benutzt wie beim Schimpfen. Pferde mögen es auch, wenn wir lachen oder singen. Sie scheinen es zu mögen, wenn wir uns mit ihnen mit unserer Sprache und unserer Stimme verständigen.

Eine gute Nase

Die gute Nase ermöglicht Pferden, frühzeitig Gefahren oder Feinde zu wittern. Sie spielt im Zusammenleben mit den anderen Pferden und auch mit dem Menschen eine Rolle. Denn jedes Lebewesen hat seinen eigenen Geruch. Wenn Pferde sich kennen lernen, stecken sie zunächst ihre Nasen zusammen und entscheiden dann, ob sie sich mögen oder nicht.

Stuten und ihre Fohlen erkennen sich am Geruch. Hengste fangen mit der Nase die Duftstoffe auf, die eine rossige, also paarungsbereite Stute aussendet, wenn sie gedeckt werden will. Auch Pferdeäpfel und Urin oder Baumstämme, an denen sich Pferde gerieben haben, sind Duftmarken, die von anderen Pferden mit der Nase „gelesen" werden.

Der Geruchssinn der Pferde ist zusammen mit ihrem Geschmackssinn auch für die Futterauswahl von großer Bedeutung.

Beim Riechen erforschen die empfindlichen Geruchsnerven der Pferde die eingeatmete Luft.

Durch die Nüstern wird die Luft eingesaugt und über die Riechschleimhaut geführt. Diese Riechschleimhaut hat viele Schichten und in dem langen Kopf des Pferdes auch viel Platz. Ihre Fläche entspricht ungefähr der gesamten Oberfläche des Pferdes! Hier werden die Duftstoffe aus der Luft herausgefiltert und von den Geruchsnerven zum Gehirn geleitet.

Wenn ein Pferd einen Duft besonders genau beriechen möchte, dann flehmt es. Das Pferd reckt den Kopf in die Höhe, verdreht die Augen leicht und stülpt die Innenseite der Oberlippe nach außen. So verhalten sich Hengste, wenn sie Duftstoffe von rossigen Stuten wittern. Aber auch andere interessante Gerüche rufen diese Grimasse hervor.

Beim Flehmen wird die Atemluft bis an ein Organ am Ende des Gaumens geführt. Dieses so genannte Jacobson'sche Organ kann besonders gut Duftstoffe herausfiltern und erkennen.

Es gibt aber auch viele Gerüche, die Pferde gar nicht gerne riechen. Wenn man zum Beispiel an einem Schlachthof vorbeireitet, werden die Pferde manchmal unruhig und ängstlich. Pferde mögen den Geruch von Tod nicht.

Das Gleiche kann im Gelände passieren, wenn irgendwo unsichtbar im Gebüsch oder im Unterholz ein verwesendes Tier liegt und die feine Pferdenase diesen Geruch wittert. Wahrscheinlich fürchtet das Pferd, dass ein gefährliches Raubtier, das hier gejagt hat, eventuell noch in der Nähe lauert.

In solchen Fällen müssen wir das Pferd mit der Stimme und einem freundlichen Tätscheln beruhigen, um ihm die Angst zu nehmen. Völlig falsch wäre es, aus Unwissenheit das Pferd zu strafen. Diese Behandlung würde die Furcht des Tieres nur noch verstärken.

Was gut schmeckt

Es gibt Pferde, die verfressen sind und alles mit Begeisterung auffressen: ob Heu, Stroh oder auch trockene Gräser. Andere Pferde wählen ihr Futter genauer aus und fressen nicht alles, was man ihnen anbietet.

Auf der Zunge, auf der Mundschleimhaut und vor dem Rachenschlund des Pferdes liegen die Geschmacksnerven. Schmecken und Riechen spielen eine große Rolle bei der Nahrungssuche. Auf großen Weiden mit vielen verschiedenen Gräsern und Kräutern wird sich ein Pferd auf seinen eigenen Geschmack verlassen und sich auch ausgewogen und gesund ernähren.

Ob Pferde aus Instinkt Giftpflanzen meiden, ist umstritten. Man sollte es nicht darauf ankommen lassen und für Pferde giftige Sträucher, Bäume oder Pflanzen sicher umzäunen. Gerade auf kleineren Weiden mit wenig Futter werden Pferde leicht dazu verleitet, Blätter und

Zweige von giftigen Sträuchern zu naschen. Man kann sich auf keinen Fall darauf verlassen, dass Pferde immer giftige Pflanzen verschmähen oder wieder ausspucken. Manche Pflanzen schätzen Pferde aber als ganz besondere Leckerbissen.

Grundsätzlich naschen Pferde liebend gern. Sie mögen es, verwöhnt zu werden. Das sollte man allerdings nicht übertreiben. Die Leckerbissen müssen etwas Besonderes, die Ausnahme bleiben. Trockenes Brot, Mohrrüben, Äpfel, aber auch Bananen, Weintrauben oder Melonenstücke gehören zu den Lieblings-Extras. Jedes Pferd hat da seine Vorlieben. Bei mehreren Pferden ist die Begeisterung für irgendeinen Leckerbissen oft ansteckend. Frisst ein Pferd gerne Bananen, wird es nicht lange dauern, bis die anderen Pferde auch welche haben möchten.

Der Tastsinn – Spüren und Berühren

Die Tasthaare rund um die Nüstern und das Maul des Pferdes sind über Nerven mit dem Gehirn verbunden. Sie arbeiten als eine Art „Abstandhalter", indem sie Gegenstände, die sich direkt vor dem Pferdekopf befinden, ertasten und erfühlen.

Die Haut des Pferdes reagiert auf Wärme und Kälte. Man kann das beobachten, wenn die Haare des Fells aufgestellt werden, um Sonne und Luft an den Körper zu lassen.

Über die Haut tauschen Mensch und Tier beim Reiten Gefühle, Stimmungen und Spannungen aus. Ist der Mensch nervös, verkrampft oder hat Angst, dann überträgt sich das auf sein Pferd. Genauso kann ein Reiter Ruhe und Gelassenheit vermitteln.

Deshalb ist es wichtig, nur in guter Laune und ausgeglichener Stimmung aufs Pferd zu steigen.

Pferde berühren sich sehr oft untereinander, z.B. bei der Begrüßung mit den Nasen oder auch an anderen Körperteilen. Befreundete Pferde beknabbern sich gegenseitig das Fell.

Pferde mögen auch Berührungen von Menschen, die sie gut leiden können. Tätscheln am Hals oder Kraulen am Widerrist sorgen schon für gute Stimmung.

Beim Striegeln mit der Bürste werden nicht nur Staub, Erde und alte Haare ausgekämmt. Das Pferd fühlt sich auch wohl bei dieser Körpermassage. Jedes Tier hat dabei seine Lieblingsstellen, wobei es vielleicht den Kopf senkt oder zufrieden mit der Unterlippe zuckt. Manche Pferde haben aber auch Hautpartien, an denen sie kitzlig sind.

Eine richtige Massage an verschiedenen Körperteilen kann verspannte, ängstliche oder nervöse Pferde entkrampfen und dazu beitragen, dass sie lockerer und ausgeglichener werden.

Die Sinne des Pferdes auf einen Blick:

1. Die Augen des Pferdes liegen seitlich am Kopf, um eine weit gehende Rundumsicht zu ermöglichen. Nur direkt vor und hinter dem Pferd entsteht eine kleine blinde Zone. Durch das Anheben, Verdrehen oder Senken des Kopfes kann das Pferd bestimmte Dinge schärfer fixieren. Das Auge des Pferdes ist sehr groß. Dadurch kann es mehr sehen als der Mensch. Und in das Auge fällt viel Licht ein. Pferde können so noch bei Dunkelheit gut sehen.

2. Die Pferdeohren sind durch zahlreiche Muskeln etwa so beweglich wie Radarschirme. Auf diese Weise können sie den Ursprung, die Entfernung und auch die Lautstärke von Geräuschen gut einschätzen.

3. Mit der Nase stellen Pferde fest, ob sie andere Pferde „riechen" können, und entscheiden sich so für Freund- oder Feindschaft. Eine große Riechschleimhaut hinter den Nüstern und das Jacobson'sche Organ filtern Duftstoffe aus der Luft.

4. Die Haut hat viele Nervenpunkte und ist das größte Tastorgan des Pferdes. Tasthaare am Maul, an den Nüstern und an den Augen sind wie „Abstandhalter" bei Berührungen.

5. Mit der Zunge suchen Pferde ihr Futter nach seinem Geschmack aus. Dabei ist zu beachten, dass bei kleinen, unzureichenden Weideflächen eventuell auch Giftpflanzen gefressen werden.

Pferdenachwuchs

Die Rosse

Damit Fohlen im Frühjahr geboren werden, wenn in unseren Breitengraden das Wetter wieder wärmer wird und genügend Gras wächst, hat sich die Natur etwas ausgedacht.

Sie lässt eine Stute nur in einer bestimmten Zeit, nämlich im Frühjahr und Sommer, rossig werden. Rosse nennt man die Tage, an denen die Stute bereit ist, sich von einem Hengst umwerben und schließlich decken zu lassen.

Die Zeitspanne der Rosse ist bei Pferden ziemlich lang. Sie dauert etwa fünf bis sieben Tage, manchmal aber auch bis zu zehn Tagen.

Paarungsverhalten

Der Beginn der Rosse ist bei den meisten Stuten gut zu erkennen. Es wird häufig weißlich gelber Urin abgelassen, oft der Schweif angehoben und die Scheide geöffnet und dann wieder geschlossen. Man sagt dann, dass die Stute blitzt. Zunächst locken die Stuten den Hengst heran, jagen ihn aber aufquietschend und ausschlagend wieder davon.

Der Hengst wartet ab, bis die Stute ihre Bereitwilligkeit zur Paarung zeigt.

Der Hengst umkreist die Stute mit erhobenem Schweif, wölbt den Hals und stolziert mit tanzenden Bewegungen umher. Er flehmt, um die Duftstoffe aus dem Urin der Stute intensiver riechen zu können. Schließlich ist die Stute einverstanden und lässt den Hengst nahe an sich heran. Er grummelt tief, und oft beknabbert er erst Hals und Widerrist, reibt sich an ihr und schmust. Wehrt sich die Stute nicht, springt er auf und deckt sie. Auf jeden Fall ist dieses natürliche Liebesspiel ein richtiges Schauspiel, das Hengst und Stute gleichermaßen genießen. Leider ist das Decken in der Herde oder das Zusammenbringen von Hengst und Stute auf der Weide heutzutage oft nicht mehr möglich.

Der Mensch pfuscht der Natur auch hier ins Handwerk. Damit die Fohlen schon gleich Anfang Januar geboren werden, wird die Rosse der Stuten durch Medikamente oder künstliches Licht im Stall auch in den Winter verlegt. Früh geborene Fohlen können nämlich schneller im Pferdesport eingesetzt oder auf Zuchtschauen vorgestellt werden.

Heute werden die Stuten meistens zu einer Hengststation oder privaten Hengsthaltern gebracht und in einen Deckstand geführt, damit sie den Hengst nicht durch Ausschlagen verletzen können. Der Hengst springt dann – am Strick gehalten – auf.

Wo es nicht möglich ist, für die Pferdezucht einen Hengst mit Stuten in der Herde zu halten, kann auch eine künstliche Besamung vorgenommen werden.

Soll künstlich besamt werden, lässt man den Hengst die Attrappe einer Stute bespringen. Der Samen wird aufgefangen und gekühlt an eine Tierklinik oder einen Tierarzt geschickt, der zur Zeit der Rosse mit einer Kanüle den Samen in die Scheide der Stute einführt.

Die Geburt

Stuten tragen elf Monate, zwei Monate mehr als zum Beispiel eine Kuh. Der Grund für diese lange Tragzeit könnte sein, dass in freier Wildbahn ein Fohlen schon gleich nach der Geburt so weit entwickelt sein muss, dass es aufstehen und mit der Herde laufen kann.

Normalerweise werden Stuten ab dem Alter von drei Jahren gedeckt. Tragende Stuten sollen bis etwa einen Monat vor der Geburt leicht geritten werden und viel Bewegung haben.

Wenige Tage vor der Geburt schwillt das Euter an, dann die Scheidengegend. An den Zitzen bilden sich Harztropfen.

Die Geburt geht sehr schnell vor sich. Am besten lässt man die Stute allein oder bleibt in der Nähe, um bei eventuellen Schwierigkeiten einzugreifen oder Hilfe zu holen.

Sobald das Fohlen geboren ist, leckt die Stute es ab. So trocknet das Fell, und der Kreislauf kommt in Schwung. Außerdem nimmt die Mutter den Geruch ihres Fohlens auf. Beide beschnuppern sich und lernen sich so kennen. Man nennt diesen Vorgang Prägung: Solange beide Tiere zusammenleben, werden sie sich am Geruch erkennen.

Deshalb sollte in dieser Zeit kurz nach der Geburt kein Mensch dieses Verhalten stören. So stark auch der Wunsch sein mag, das niedliche Fohlen anzufassen und zu streicheln.

Das Fohlen

Sofort nach der Geburt versucht das Fohlen aufzustehen. Das kann einige Zeit dauern. Die ersten Male wird es gleich wieder umfallen. Im Stall, auf rutschigem Stroh, findet es noch schwieriger Halt als draußen auf dem Gras oder der Erde.

Nach dem Aufstehen kommt schon die nächste Aufgabe für das Neugeborene: Es muss so bald wie möglich bei der Mutter trinken. Denn die ersten Portionen Milch enthalten all die wichtigen Stoffe, die für Widerstandskraft gegen Krankheiten nötig sind.

Auch bis zum ersten Saugen des Fohlens kann es manchmal etwas länger dauern. Aber auch das sollten beide Tiere allein und ganz ohne das Eingreifen des Menschen regeln.

Schon etwa eine Stunde nach der Geburt hat das Fohlen laufen gelernt und kann – wenn auch am Anfang noch etwas staksig und unbeholfen – der Mutter folgen. Die erste Zeit bleiben Stute und Fohlen sehr nah beieinander und festigen so ihre besondere Beziehung zueinander.

Pferde sind in erster Linie eher Familientiere. Das heißt, die Jungtiere schließen sich nicht zu eigenen Gruppen zusammen, sondern bleiben in der Gesellschaft der Verwandten. In freien Herden säugen Stuten ihre Fohlen bis kurz vor der Ankunft des nächsten Fohlens. Das so genannte Absetzen, das Trennen des Fohlens von der Mutter, ist in vielen Gestüten üblich, zum Beispiel, um das Jungtier zu verkaufen. Dabei ist viel

Einfühlungsvermögen und Erfahrung nötig, damit das Fohlen keine Verhaltensstörungen erleidet.

Können Mutterstute und Fohlen gemeinsam in der Herde aufwachsen, werden sie ihr Leben lang eine besondere Bindung zueinander haben.

Pferde sind Herdentiere

Wir Menschen sehen das Zusammenleben von Tieren gerne aus unserer Sicht und bewerten es nach unseren Maßstäben. Auf den ersten Blick besteht eine Pferdeherde aus einem Leithengst, der die Gruppe führt und der Boss ist. Ihm folgen die Stuten, Fohlen, Ein- und Zweijährigen. Und unter denen gibt es wiederum eine klare Rangordnung. Pferdefamilien leben aber ganz anders.

In einer Pferdeherde, die in Freiheit lebt, sind die Stuten die wichtigsten Mitglieder. Jedes Fohlen erlebt seine Mutter als Lehrerin und Beschützerin. Eine Stute leitet die Herde, und der Hengst folgt meist am Ende der Gruppe und hält sie zusammen. Es gibt außerdem auch keine eindeutige Rangordnung unter den Pferden einer Herde.

Nun leben Pferde heute nicht mehr in ihrer natürlichen Umgebung, sondern in der Obhut der Menschen. Hengste sind fast immer von den Stuten getrennt und kommen mit ihnen nur zur Paarungszeit zusammen. Auf den Weiden werden meistens kleinere Gruppen von Stuten und Wallachen gehalten.

Trotzdem haben sich zwischen den Pferden die ursprünglichen, instinktiven Verhaltensweisen erhalten. Pferde sind von Natur aus gesellige Lebewesen, die auf vielfältige Weise untereinander Informationen austauschen und körperlichen Kontakt suchen.

Diese natürlichen Bedürfnisse und Eigenheiten der Pferde müssen wir kennen, wenn wir die Lebensweise der Pferde verstehen wollen, sonst gibt es nur Missverständnisse zwischen Mensch und Pferd, aber kein Vertrauen und keine gute Zusammenarbeit.

Geborgenheit in der Gemeinschaft

Das Überleben in der freien Natur war für die Wildpferde sehr schwierig. Großkatzen wie Tiger oder Löwen jagten das Wildpferd, und es war gegen diese Feinde fast wehrlos. Die einzige Chance bestand in der Flucht.

Als Pflanzenfresser mit einem kleinen Magen frisst das

Pferd fast den ganzen Tag mit gesenktem Kopf. Trotzdem muss es ständig aufmerksam sein. Seine Sinne sind zwar auf diese Situation eingestellt, es muss dann aber immer in Angst leben. Deshalb ist für Pferde das Leben in Gruppen angenehmer. Während ein Teil der Herde frisst oder schläft, passen die anderen Pferde auf. Außerdem hören und sehen viele Augen und Ohren natürlich besser.

Dabei schließen sich frei lebende Pferde nicht zu riesigen Herden zusammen wie Büffel. Pferdeherden sind kleiner und auch beweglicher. Zu einer Herde gehören nur etwa sechs bis 14 Pferde. Sie können sich so der Umgebung und den Lebensbedingungen besser anpassen. Frei lebende Mustangs in Nevada (USA) bilden Gruppen von etwa 20 Tieren, und wilde Pferde auf der Namib-Hochebene in Südafrika leben in Herden mit ungefähr acht Pferden.

In einer Pferdeherde leben einige Stuten, ihre Fohlen, Jährlinge, Zweijährige und ein Hengst zusammen. Die erfahrenste Stute übernimmt die Leitung, der Hengst läuft am Ende und hält die Herde zusammen. Dieser Althengst vertreibt die heranwachsenden Junghengste, sobald sie geschlechtsreif sind, aus der Herde. Sie schließen sich zu eigenen Junggesellenherden zusammen. Später versuchen sie selbst, einen alten oder schwachen Hengst aus seiner Herde zu verjagen.

Für Pferde hat die Gemeinschaft der Herde wichtige Vorteile:

- Schutz vor Feinden
- Gesellschaft
- eine gesicherte Fortpflanzung

Unsere heutige Pferdehaltung hat meist mit dem ursprünglichen Herdenleben nichts mehr zu tun. Fast immer besteht eine Gruppe von Pferden aus Stuten und Wallachen, vielleicht noch mit Fohlen oder Jährlingen zusammen. Trotzdem hat sich bei den Tieren das Gefühl für die Gemeinschaft erhalten.

Ein Pferd darf man nicht allein halten. Es verkümmert und trauert aus Einsamkeit. Auch andere Tiere, wie Ziegen, Schafe oder Kühe, können die Artgenossen nicht ersetzen.

Zumindest sollten zwei Pferde in einem Stall stehen. Sie bilden schon eine Minigruppe. Am besten ist es, immer eine gerade Anzahl Pferde zu halten, weil sie sich gerne paarweise zusammenschließen.

Im Gegensatz zu unseren Vorstellungen sehen Pferde nicht ihren Stall oder Unterstand als Heimat an, sondern ihre Herde. Für das Wohlbefinden von Pferden ist deshalb eine stabile und auch dauerhafte Herde wichtig.

Pferdefreunde denken daran und tauschen nicht wahllos Pferde aus einer kleinen Herde aus.

In fast allen Büchern über Pferde wird behauptet, dass zwischen den Tieren eine klar abgestufte Rangordnung besteht. Das wird meist damit begründet, dass sich manche Pferde gegen die anderen durchsetzen, im Kampf um gute Futterplätze, einige Leckerbissen und die Aufmerksamkeit der Menschen.

Das liegt aber an den von Menschen geschaffenen Lebensbedingungen. Auf meist engem Raum entwickeln sich schnell Futterneid und Konkurrenz. Leben Pferde auf ausreichend großen Weiden, kommen solche Rangeleien selten vor. Pferde sind Herdentiere, und die Gruppe hat den Sinn zusammenzuhalten. Eine starre Rangordnung ist deshalb nutzlos.

Natürlich gibt es in einer Pferdegruppe Freundschaften und Feindschaften, Rangeleien und Streit. Befreundete Pferde fressen oft Kopf an Kopf, beknabbern sich gegenseitig zur Fellpflege und wedeln einander im Sommer die Fliegen weg. Pferde, die sich nicht besonders mögen, gehen sich aus dem Weg.

Manche Menschen denken, dass ein Pferd, das einzeln gehalten wird, sich stärker an den Menschen anschließt. Das stimmt, weil es in seiner Einsamkeit keine andere Wahl hat. Es wird aber kein glückliches, zufriedenes

Pferd sein, weil das Pferd seine Herde vermisst. Und es wird immer ein Pferd dem Menschen als Gesellschaft vorziehen.

Wenn wir aber Pferde in einer Gruppe halten und uns auf Pferdeart mit ihnen beschäftigen, dann sind sie auch ausgeglichen. Sie sind freundlich und entwickeln Vertrauen zum Menschen. Dann werden unsere Pferde uns als zeitweilige Herdenmitglieder – denn wir sind ja nicht immer bei ihnen – schätzen.

Nicht nur für Pferde ist die Herde wichtig für die körperliche und seelische Gesundheit. Auch andere Lebewesen, wie zum Beispiel Rinder oder Büffel, fühlen sich nur in der Herde sicher und sind zufrieden.

Sogar uns Menschen geht das so. In der Familie, einer Clique oder wie bei den Indianern in Stammesgemeinschaften fühlen wir uns nicht einsam und allein. Die beiden folgenden Zitate zeigen das:

„Der Stier kann auch eine kurzzeitige Trennung von seiner Herde nur schlecht ertragen. Durch List oder Gewalt von ihr getrennt, zeigt er alle Anzeichen von seelischer Qual, er kämpft mit aller Kraft, um zurückzukehren, und wenn es ihm gelingt, taucht er in die Mitte der Herde, als wolle er sich am Gefühl der Geborgenheit in der Gemeinschaft berauschen.“

(Francis Gallon, 1871, über Rinder in Südafrika)

„Das Leben in einer Stammesgemeinschaft ist so wohl durchdacht und behaglich, dass es fast wie eine Droge wirkt. Der Mensch, der mit Gewalt aus dieser Gruppe herausgenommen wird, wird reizbar und einsam. Er sehnt sich verzweifelt nach einer Rückkehr zum Stamm, manchmal nur, um seinen gesunden Verstand zu bewahren.“

(Vine Deloria, Sioux-Indianer)

Verteidigung durch Flucht

Pferde fliehen vor Gefahren, die sie nicht einschätzen können. Das ist ihre Art der Verteidigung.

Zu fliehen ist für Pferde der erste Gedanke bei:

- Bedrohung
- Angst
- Schreck
- bedrohlich wirkenden Situationen

In der Gruppe genügt das warnende Schnauben eines Pferdes, und schon flieht die Herde. War die Gefahr nicht eindeutig erkennbar, drehen sich alle aus sicherer Entfernung wieder um und strengen alle Sinne an. Sie erforschen dann genau, was sie erschreckt hat.

Für die Flucht braucht das Pferd gesunde Beine und Hufe und einen festen, aber nicht zu harten Untergrund, auf dem es schnell laufen kann. Deshalb machen ungewohnte Bodenverhältnisse oder Hindernisse Pferde misstrauisch. In der Natur gibt es vieles, wovor Pferde Angst bekommen können:

- Pfützen oder Bäche, in denen sie tief einsinken könnten
- schmale Holzbrücken, weil sie hohl klingen und vielleicht einstürzen
- bröckeliger Boden mit losen Steinbrocken oder tiefer Sand, auf dem Pferde nicht schnell laufen können

Auch andere Dinge erschrecken ein Pferd, solange es nicht weiß, dass sie ungefährlich sind: stürmischer Wind, ein Hase, der plötzlich aufspringt und davonhoppelt, oder ein Mähdrescher, der über ein Feld brummt.

In der Herde können wir beobachten, dass Pferde auf einer Linie hintereinander gehen. Die Leitstute geht voran. Wo sie die Herde entlangführt, können alle Pferde der Gruppe bedenkenlos folgen. So entstehen auch auf Weiden Trampelpfade, die von den Pferden immer wieder benutzt werden.

Beim Reiten im Gelände übernimmt der Mensch die Führung. Wenn Pferd und Reiter großes Vertrauen zueinander haben, werden beide viele neue und ungewohnte Situationen bewältigen. Trotzdem kann es immer mal wieder passieren, dass die natürliche Angst des Pferdes durchbricht.

Zum Beispiel vor einer Holzbrücke. Das Pferd erschrickt beim Aufsetzen des Hufs auf die Holzplanken über das dumpfe Geräusch und will auf keinen Fall hinübergehen. Dann darf der Reiter sein Pferd nicht mit Gewalt vorwärts zwingen. Zur Angst vor der Brücke kommt dann noch die Angst vor der Strafe hinzu. Das Pferd bleibt stehen oder gerät in Panik. Und es verliert das Vertrauen zum Menschen.

Besser ist es, das Pferd zu beruhigen, abzusteigen und gemeinsam mit ihm das scheinbar gefährliche Objekt zu untersuchen. Wenn dann das Pferd merkt, dass sein Reiter auf der Brücke herumgehen kann, ohne dass sie zusammenbricht, wird es meist ganz schnell Vertrauen fassen. Dann lässt es sich auch mit beruhigenden Worten hinüberführen. Klappt das nicht, nimmt man beim nächsten Ausritt am besten ein Pferd mit, das problemlos über die Brücke geht. Pferde vertrauen anderen Pferden am ehesten.

Allerdings sollte der Reiter dann daran arbeiten, dass

das Vertrauensverhältnis zwischen Tier und Mensch besser wird. Furcht vor irgendwelchen Dingen sollte man möglichst schnell abbauen, sonst sitzt sie tief und bleibt im Gedächtnis des Pferdes haften.

Freiheit und Gefangenschaft

Durch den Einfluss der Menschen hat sich der Lebensraum der Pferde völlig verändert. In freier Natur wandert die Herde jeden Tag viele Kilometer auf der Suche nach Weideplätzen und Wasser. In der Obhut des Menschen ist ihr Lebensraum auf eingezäunte Wiesen oder Ausläufe begrenzt.

Häufig werden Pferde in Boxen gehalten und nur hin und wieder in die Reithalle gelassen oder für einen Ausritt herausgeholt. Manche dieser Pferde stumpfen ab und fügen sich in ihr Schicksal. Sie leiden aber darunter und kümmern vor sich hin.

Einige Pferde können sich jedoch mit dieser Boxenhaltung nicht abfinden, sie wehren sich durch Ungehorsam und „Spinnereien". Viele beginnen aus Langeweile stundenlang mit dem Körper hin und her zu schaukeln. Man bezeichnet das als Weben. Oder sie setzen die Schneidezähne auf den Rand des Futtertrogs und schlucken Luft. Dieses Verhalten heißt Koppen. Der Mensch nennt diese Tätigkeiten Untugenden oder Unarten. Aber es sind Hilferufe des Pferdes nach Bewegung, Abwechslung und Freiheit.

Bei der Stallhaltung liegt auch noch ein Missverständnis zugrunde. Als ursprüngliche Höhlenbewohner fühlen Menschen sich in kleinen, gemütlichen und warmen Räumen am wohlsten. Viele Reiter meinen, dass auch Pferde so empfinden, und bringen sie in regensichere und windgeschützte Ställe. Pferde denken ganz anders darüber. Sie sind das Leben draußen in Wind und Wetter gewohnt. Sturm, Regen und Kälte machen ihnen nichts aus.

Selbst in der Sommerhitze stehen Pferde lieber unter einer schattigen Baumgruppe als in einem Unterstand oder einem Stall.

Diese Bedürfnisse sollten wir unseren Pferden – so gut es geht – erfüllen. Denn Pferde, die ihrer Natur entsprechend gehalten werden, sind ausgeglichen und lebendig. Und sie sind auch eher bereit, mit uns zusammenzuarbeiten.

Die Körpersprache der Pferde

Wenn man in einer Gruppe zusammenlebt, muss man sich verständigen können.

Pferde tun das durch Gesten, Bewegungen, Laute, Zeichen und Berührungen. Sie haben eine vielfältige Körpersprache. Die Stellung der Ohren, der Ausdruck des Gesichts und bestimmte Körperhaltungen zeigen den anderen Pferden ganz deutlich, was ein Pferd damit „sagen" will.

Wir Menschen sind gewohnt, uns hauptsächlich durch unsere Sprache anderen mitzuteilen. Wir kennen zwar auch die Redewendung, dass jemand mit Händen und Füßen redet, oder können am Gesichtsausdruck anderer bestimmte Gefühle ablesen. Aber Nachrichten tauschen wir meist mit Worten aus.

Das Pferd dagegen gibt – auch auf weite Entfernung sichtbar – durch klare Körperbewegungen seine Informationen weiter.

Das tut es durch:

- verschiedene Körperhaltungen
- Gesichtsausdrücke
- Ohrstellungen
- Bewegungen mit dem Schweif

Mit dem ganzen Körper sprechen

Pferde haben ihre Herde immer im Blickfeld. Sie beobachten sich ständig gegenseitig. Wie ein Pferd dasteht, den Kopf hält, seine Muskeln anspannt oder sich bewegt, zeigt den anderen, ob es gerade aufmerksam, furchtsam oder sogar fluchtbereit ist.

Eine entspannte Körperhaltung zeigt Ruhe und Gelassenheit: Kopf und Schweif hängen locker herab, ein Hinterbein ist angewinkelt. Das signalisiert den anderen: „Lasst uns Pause machen!"

Oft werfen Pferde auch ihren Kopf mit einem Ruck nach vorne und nach oben. Das heißt so viel wie „Hau ab!" oder „Geh mir aus dem Weg!".

Die Ohren sind angelegt, und das Maul ist zum Zuschnappen bereit. Wird die Warnung nicht beachtet, macht das Pferd einen Satz nach vorne oder geht im Galopp zum Angriff über.

Eine friedliche Kopfbewegung ist das Anstupsen. Das Antippen mit dem Maul soll Aufmerksamkeit erregen. Pferde stupsen auch Menschen an, wenn sie um Leckerbissen betteln: „He, was hast du mir mitgebracht?" oder „Los, gib mir noch etwas davon!".

Auch gegenüber den Artgenossen ist das leichte Anstupsen meist eine Aufforderung zu irgendetwas. Entweder, um wieder weiterzuziehen auf der Weide, oder auch als Aufforderung zur gegenseitigen Fellpflege.

Es gibt auch typische Halsbewegungen. Treibt ein Hengst zum Beispiel die Mitglieder seiner Herde zusammen, dann bewegt er Kopf und Hals schlangengleich hin und her. Den Kopf hält er dabei weit nach vorne und unten gestreckt.

Eine typische Halsbewegung ist das Necking und Wringing. Übersetzt bedeutet das „Halsverdrehen". Dabei krümmt und schlenkert ein Pferd seinen Hals in alle möglichen Richtungen. Diese Bewegungen können wir beobachten, wenn Pferde umhertollen und spielen. Manchmal ist das aber auch Abwehr oder einfach Unsicherheit.

Zur Körpersprache gehören auch zwei Drohsignale:

- Drohen, das in einen Angriff übergeht
- Drohen, das zur Abwehr von Feinden oder Artgenossen dient

Beide Formen steigern sich in drei Stufen.

Das aggressive Drohen:

- Das Pferd steht angespannt da, es legt seine Ohren flach zurück, hebt den Schweif ein bisschen an und stößt den Kopf nach vorne.
- Das Pferd schlägt den Schweif wütend hin und her, hebt die Vorderbeine, oder es steigt sogar.
- Das Pferd galoppiert an und öffnet das Maul zum Beißen.

Das Drohen als Verteidigung:

- Das Pferd legt zunächst seine Ohren zurück, lässt den Schweif nach unten hängen und zeigt dabei seine Hinterhand.
- Wenn ein Pferd ein Hinterbein zur Drohung anhebt, dann bedeutet das: „Gleich trete ich aus!"
- Hat die Warnung keinen Erfolg, dann schlägt das Pferd mit beiden Hinterbeinen aus.

Verschiedene Gesichter zeigen

Zehn Muskelpaare am Kopf eines Pferdes können die Stellung von Nüstern, Lippen und Maul verändern. So ziehen Pferde „Gesichter", um bestimmte Stimmungen oder Spannungen auszudrücken. Wir kennen so etwas von uns selbst. Wir runzeln die Stirn, rümpfen die Nase, pressen die Lippen aufeinander oder blinzeln mit den Augen. Menschen, die Pferde aufmerksam beobachten, können leicht den Gesichtsausdruck deuten. Bei Anspannung straffen sich die Gesichtsmuskeln: aus Furcht, vor Aufregung oder auch aus Ärger oder weil das Pferd gerade besonders aufmerksam ist. Auch durch geweitete oder verengte Nüstern, das Spiel der Ohren und den

Ausdruck der Augen zeigt das Pferd seine Gemütsver-
fassung. Dabei drückt jedes Pferd seine eigene Persön-
lichkeit und damit auch seine Eigenarten aus. Je besser
sich Mensch und Pferd kennen lernen und verstehen,
umso einfacher ist der Umgang miteinander.

Aufmerksamkeit

Desinteresse

Angriffslust

Ohrenspiele

Die Ohren sitzen beim Pferd gut erkennbar auf dem Kopf und zeigen den Artgenossen – aber auch uns – deutlich, worauf die Aufmerksamkeit des Pferdes gerichtet ist.

Hängende Ohren sagen uns: „Ich fühle mich sicher, bin entspannt und müde. Ich döse jetzt etwas!"

Flach angelegte Ohren bedeuten das Gegenteil: Ärger oder Unlust. Manchmal ist das sogar das Zeichen für einen Angriff.

Grundsätzlich gilt: Die Signale der verschiedenen Körperteile ergänzen sich, und zusammen ergeben sie eine klare Pferdesprache.

Mit dem Schweif schlagen

Normalerweise schlagen Pferde mit dem Schweif, wenn sie Fliegen verscheuchen wollen. Es ist aber auch ein Signal für bestimmte Empfindungen.

Dann ist es ein Anzeichen dafür, dass sich das Pferd ärgert oder unwohl fühlt. Oft sehen wir das beim Reiten, wenn Pferd und Reiter nicht miteinander zurechtkommen. Das Pferd schlägt dann aus Wut mit dem Schweif.

Ein aufgestellter Schweif verrät starke Erregung, ein

zwischen die Beine eingeklemmter hingegen Furcht oder auch nur die Suche nach Schutz vor Kälte oder Nässe. Ein leicht gehobener Schweif, der beim Laufen locker mitschwingt, zeigt, dass das Pferd ausgeglichen und gelassen ist.

Wiehern und Schnauben

In Western- und Pferdefilmen wiehern die Pferde bei fast jeder Gelegenheit. Das macht bei den Zuschauern einen großen Eindruck, und deshalb wird Pferdegewieher gern von den Filmregisseuren auf die Tonspur gemischt.

In Wirklichkeit wiehern Pferde eher selten. Sie unterhalten sich lieber mit einer Zeichensprache. So können Pferde sich in der Herde lautlos verständigen, ohne Feinde auf sich aufmerksam zu machen.

Pferde wiehern, wenn sich ein Mitglied der Herde außer Sichtweite befindet, sich entfernt – oder zum Reiten aus der Gruppe genommen wird – und wenn es wieder zurückkehrt.

Jedes Pferd hat beim Wiehern seine eigene, unverwechselbare Tonfolge als Erkennungszeichen. Oft wiehern Pferde auch, wenn in einiger Entfernung fremde

Pferde auftauchen. Vielleicht, um an der Antwort festzustellen, ob diese der Gruppe bekannt sind.

Pferde wiehern aber nicht nur. Sie können auch quietschen, grummeln, schnauben, stöhnen und seufzen.

Quietschlaute stoßen Stuten aus, wenn sie sich mit fremden Pferden beschnuppern und nicht genau wissen, ob sie sich mögen oder lieber Abstand halten. Das gleiche Verhalten zeigen Stuten auch in der Zeit der Rosse gegenüber dem Hengst.

Das Grummeln ist ein leises, dunkles Wiehern, ein freundschaftlicher Gruß an andere Pferde und vertraute Menschen.

In ungewohnten Situationen kann man ein prustendes Schnauben hören. Die Nüstern vibrieren, und das Pferd versucht mit allen Sinnen, die Angelegenheit aufzuklären. Im Gegensatz dazu gibt es auch ein weiches, entspanntes Schnauben, das zum Beispiel beim Wälzen in ein behagliches Stöhnen und Seufzen übergeht. Das ist ein Zeichen von größter Zufriedenheit.

Wälzen – ein großes Vergnügen

Alle Pferdefreunde kennen dieses Bild genau: Das Pferd
– oft frisch gestriegelt und geputzt – läuft in den Auslauf oder auf die Weide. Es sucht sich einen geeigneten
Platz, dreht sich ein paarmal im Kreis, knickt in den
Beinen ein und lässt sich dann auf den Boden fallen.
Schon liegt es auf der Seite, dann auf dem Rücken und
strampelt mit den Beinen in der Luft. Ohne Rücksicht
auf Staub oder Schlamm rekelt es sich genüsslich und
grunzend auf der Erde.

Dieses gemütliche und ausführliche Wälzen ist gesund. Es reinigt die Haut von alten Haaren und Schweiß, kühlt juckende Insektenstiche und massiert das Fell. Wälzen ist auch ein Zeichen von Lebensfreude und Gesundheit.

Deshalb sollte ein Pferd immer die Gelegenheit zum ausgiebigen Wälzen haben, wenn es auch unser Schönheitsempfinden ziemlich stört, dass Pferde mit Schlammflecken auf der Wiese stehen. Der nächste Regenschauer oder ein weiteres Wälzen auf nassem Gras beseitigen diese Spuren wieder. Auch nach dem Reiten sollte man seinem Pferd noch ein schönes Staubbad gönnen: Es entspannt und lockert das Pferd genauso wie uns nach einem Fußballspiel oder einem Dauerlauf die Dusche.

Das Wälzen fördert die Zufriedenheit der Pferde. Aber mit einer Ausnahme: Bei einer ernsthaften Magenverstimmung oder einer Kolik tritt das Pferd mit den Hinterhufen an den Bauch und wälzt sich danach, um die Schmerzen zu lindern. Aber dieses Verhalten unterscheidet sich natürlich ganz deutlich vom normalen Wälzen, bei dem ein Pferd Wohlbefinden und Zufriedenheit ausstrahlt.

Dösen und Schlafen

Im Gegensatz zu anderen Haustieren wie Hunden oder Katzen, die längere Schlafpausen einlegen, sind die Ruhezeiten der Pferde eher kurz.

Ungefähr 17 Stunden am Tag sind Pferde wach und fressen. In der restlichen Zeit schlafen sie oder ruhen sich aus.

Wir unterscheiden dabei:

- **das Dösen im Stehen**
  Das ist ein leichtes Einnicken in entspannter Körperhaltung mit angewinkeltem Hinterbein.
- **das Niederlegen**
  Wie ein Hund kauert das Pferd auf dem Boden, die Vorderbeine und auch die Hinterbeine sind unter den Körper gezogen.
- **den Tiefschlaf**
  Dabei liegt das Pferd in der Seitenlage mit ausgestreckten Beinen.

Je nach Alter ist das Schlafbedürfnis von Pferden unterschiedlich. Fohlen und Jährlinge schlafen auch während des Tages öfter tief, während die älteren Pferde bei ihnen stehen und Wache halten. Bei allen Schlaf- und Ruhestellungen steht die Herde eng beieinander. Das ist der beste Schutz vor Feinden. Pferde mögen Ruheplätze unter freiem Himmel, wo sie Geräusche und Gerüche schnell wahrnehmen können.

Alte Pferde legen sich nicht mehr gerne hin. Sie haben noch die instinktive Angst des Wildpferdes, nicht schnell genug aufspringen zu können, wenn Gefahr droht, weil ältere Pferde oft ungelenkig werden.

 # Die Verständigung mit Pferden

Verständigung durch Körpersprache

Genauso wie Pferde geben auch wir Menschen mit unserem Körper Signale und Schwingungen weiter, die Angst, Unsicherheit oder Überlegenheit ausdrücken.

Pferde beobachten sehr genau, wie wir ihnen gegenübertreten, und richten sich danach. Beim Reiten bemerken sie unsere Körpersprache noch viel früher. Die geringste Muskelanspannung oder Verkrampfung überträgt sich auf das Pferd. Und das Pferd reagiert dann darauf. Beim Reiten wollen wir als „Leitpferd" die Führung übernehmen. Merkt aber das Pferd, dass wir aus Furcht, Unentschlossenheit oder mangelndem Können dazu nicht in der Lage sind, dann bekommt es selbst auch Angst. Das Pferd versucht, sich durch Ungehorsam oder Flucht dem Einfluss des Menschen zu entziehen. Es entsteht Misstrauen statt Vertrauen zwischen dem Reiter und seinem Pferd.

Der „Kluge Hans"

Es gibt eine ganz alte Geschichte von einem Pferd, das zählen und einfache Mathe-Aufgaben lösen konnte. Der „Kluge Hans" – so hieß das Pferd – war eine echte Sensation.

Er lebte im 19. Jahrhundert in der niederländischen Stadt Den Haag. Sein Besitzer stellte den „Klugen Hans" dort einer Gruppe von Wissenschaftlern vor, die das Geheimnis um dieses Tier lösen sollten.

Jeder dachte natürlich, dass irgendein einfacher Trick dahinter stecken muss. Aber der „Kluge Hans" löste seine Aufgaben auch, wenn sein Trainer nicht dabei war. Immer wenn ihm jemand eine Rechenaufgabe stellte, stampfte er die richtige Antwort mit seinem Vorderbein auf den Boden. Die Zuschauer waren begeistert.

Dann kamen die Fachleute dem Rätsel doch auf die Spur.

Die Kunststücke gelangen nämlich nur vor Publikum. Ohne die Anwesenheit von Zuschauern versagte die Rechenkunst des Pferdes.

Daran merkten die Leute, dass der „Kluge Hans" an der inneren Anspannung der Menschen ablesen konnte,

wann die richtige Zahl erreicht war. Die Zuschauer fieberten bei jeder Aufgabe mit und waren im Augenblick der Lösung besonders erregt. Das spürte das Pferd und fand so immer die richtige Antwort. Daran erkennen wir die besondere Fähigkeit von Pferden, auch die feinsten inneren Regungen und Signale von anderen Lebewesen zu spüren. Der „Kluge Hans" übertrug dieses Können auf ziemlich außergewöhnliche Art aufs Rechnen. Im täglichen Umgang mit Pferden bedeutet das, dass Pferde sehr deutlich unsere inneren Spannungen und Verkrampfungen, aber auch Ausgeglichenheit und Ruhe wahrnehmen.

Ein Pferd begrüßen

Pferde sind zwar sehr gesellige Tiere, trotzdem haben sie einen persönlichen Bereich, in den niemand ohne Aufforderung eindringen sollte. Dieser Abstand beträgt ungefähr drei Meter rund um das Pferd herum.

Wir können das gut beobachten, wenn sich zwei Pferde zum ersten Mal begegnen. Beide zögern beim Erreichen dieser Grenze und warten die Reaktion des anderen ab. Erst dann gehen sie weiter aufeinander zu.

Diese Signale sind nicht immer klar zu erkennen. Bei

vielen Pferden bedeutet es schon eine Einladung zum Näherkommen, wenn sie dem Artgenossen nicht drohen.

Pferde mögen es, wenn Menschen diese Pferderegel befolgen und ebenfalls nur zögernd einem fremden Pferd entgegentreten. Zeigt das Pferd Interesse, dann ist man willkommen. Findet nun noch die Begrüßung auf Pferdeart statt, indem sich Pferd und Mensch Nase an Nase ihren Atem zublasen, dann ist der erste vertrauensvolle Kontakt hergestellt.

Wie schlau sind Pferde?

Bei der Beurteilung des „Pferdeverstandes" gibt es verschiedene Meinungen.

Der für seine Pferdedressuren berühmte Fredy Knie schreibt: „Eines allerdings, was der Mensch besitzt, besitzen die Pferde nicht, oder doch nur in sehr geringem Maß, nämlich Intelligenz ... Bei einem Kind von drei oder vier Jahren beginnt sich die Intelligenz zu entwickeln. Das aber dürfte vergleichsweise die höchste Stufe der tierischen Intelligenz sein."

Dementgegen schreibt die Tierpsychologin Marthe Kiley-Worthington: „Ich bin der Ansicht, dass wir sehr vorsichtig sein müssen, wenn wir Pferde als relativ dumme Tiere abwerten. Vielleicht stellen wir uns nur zu dumm an, sie zu verstehen!"

Meistens messen wir „Intelligenz" mit unseren menschlichen Maßstäben. Wir können aber nicht Pferde und Menschen nach den gleichen Maßstäben beurteilen. Pferde leben, denken und fühlen anders als Menschen. Sonst könnten uns Pferde genauso für dumm halten, weil wir nicht nach Pferdeart leben und handeln.

Jedes Lebewesen hat grundsätzlich genügend Intelligenz, um sich in seiner Umwelt zurechtzufinden und zu überleben. Dabei entwickelt es Fähigkeiten, die hauptsächlich auf seinen Lebensraum, seinen Körper und seine Eigenarten zugeschnitten sind.

Das Pferd hat alle Fähigkeiten, die ein Lauf- und Fluchttier besitzen muss:

- Es hat ein gutes Gedächtnis.
- Es hat eine schnelle Auffassungsgabe.
- Es ist neugierig und bereit, interessante Dinge genau zu untersuchen.
- Es lebt gern mit Artgenossen zusammen und teilt sich mit ihnen bestimmte Aufgaben.
- Es ist sehr empfindsam, mag keine Ungerechtigkeiten und widersetzt sich bei falscher Behandlung.

- Es überwindet sogar seine natürlichen Ängste, wenn es zu Menschen Vertrauen hat.

Das bedeutet:

- Ein Pferd kann sich gut an bestimmte Personen oder Erlebnisse erinnern und handelt nach diesen Erfahrungen.
- Es versteht und reagiert auf einzelne Wörter und die Stimmlage eines bekannten Menschen und richtet sich in der Regel auch danach.
- Manche Pferde kann man beim Reiten allein mit Worten dirigieren. Durch Gewichtsverlagerung des menschlichen Körpers und andere Hilfen erspürt das Pferd die Wünsche des Reiters.
- Ein Pferd liebt Abwechslung, und Langeweile mag es nicht.
- Ein Pferd gewöhnt sich leicht so genannte „Unarten" an, wenn es vernachlässigt wird.
- Pferde haben einen guten Orientierungssinn und finden auch im Dunklen oder in unwegsamem Gelände den Heimweg.
- Ein Pferd kann Menschen gut unterscheiden. Es behandelt zum Beispiel kleine Kinder sehr viel rücksichtsvoller als erwachsene Menschen.

- Es erspürt bei den Menschen sehr genau Spannungen und Verkrampfungen. Es durchschaut schnell das Können seines Reiters und seine Fähigkeiten im Umgang mit Pferden.
- Es ist ein geselliges Tier und schließt auch mit Menschen Freundschaften. Dabei zeigt es Rücksicht und entschuldigt auch einmal reiterliche Fehler.
- Es entwickelt Vorlieben und Abneigungen für bestimmte Personen, Tätigkeiten und Sachen.
- Pferde erspüren über eine gewisse Entfernung, ob sich Freunde oder Feinde nähern, und verhalten sich entsprechend. So konnten die Indianer Nordamerikas am Verhalten ihrer Pferde erkennen, wenn sich ungebetene Gäste in ihr Lager einschleichen wollten.
- Pferde haben auch – wie fast alle anderen Tiere – die Fähigkeit, Stürme, Unwetter oder Erdbeben vorauszuahnen.
- Pferde lernen schnell und bereitwillig, wenn sie gute Lebensbedingungen und Vertrauen zum Menschen haben. So ist bei vielen jungen Pferden das Einreiten kein Problem, da sie bei Menschen aufwachsen, denen sie vertrauen. Ein Pferd zeigt dann in der Ausbildung Verhaltensweisen, die es von Natur aus nicht wagen würde.

- Das Pferd lernt auch, indem es andere Pferde nachahmt.
- Bei Gefahr kann ein Pferd sekundenschnell Geräusche beurteilen, da es sonst bei allen möglichen Geräuschen in Panik geraten würde.
- Pferde sind sehr neugierig. Diese Neugier ist aber zugleich auch Vorsicht. Pferde untersuchen genau, was in ihrer Umgebung interessant oder eventuell gefährlich sein könnte. Dabei nehmen sie sich oft viel Zeit. Viele Reiter werden dann ungeduldig. Es ist aber die Natur des Pferdes, unbekannte Gegenstände und Geräusche genau zu erforschen, damit sie diese Dinge einschätzen können.

Diese lange Liste von Fähigkeiten, der man bestimmt noch etliche hinzufügen könnte, beweist eindrucksvoll, dass Pferde sehr unternehmungslustige und vielseitige Tiere sind.

Jeder Mensch sollte im Zusammenleben mit Pferden diese Fähigkeiten kennen, die Pferde achten und ihnen das Recht zugestehen, ihr Leben weit gehend nach Pferdeart zu gestalten.

Aber nicht alle Pferde sind gleich. Es gibt Unterschiede im Temperament oder in der Auffassungsgabe. Gerade viele kleinere Pferde sind eigenwilliger, während Großpferde oft gutmütig sind. Auf jeden Fall ist es eine spannende Angelegenheit, sich gegenseitig kennen zu lernen. Das braucht Zeit und den Willen, einander zu verstehen.

Das Zusammenleben von Pferden

1. Pferde sind gesellige und friedfertige Tiere, die sich gerne zu Gruppen zusammenschließen. So eine Herde besteht in freier Natur meist aus einem Hengst, mehreren Stuten, deren Fohlen, Jährlingen und etlichen Zwei- bis Dreijährigen. Die jungen Hengste verlassen im geschlechtsreifen Alter die Herde.

2. Innerhalb der Gruppe bilden sich feste und dauerhafte Beziehungen, Freundschaften, aber auch Abneigungen. Nur bei schlechten Lebensbedingungen, zum Beispiel zu vielen Pferden auf einer Weide und Konkurrenz um Futter, gibt es eine Rangordnung, in der sich manche Pferde gegen andere durchsetzen.

3. Auch bei Pferden gibt es hin und wieder Rangeleien, die bei guten Haltungsbedingungen aber harmlos sind und nicht lange andauern.

4. In der Gruppe lernen Pferde voneinander. Da Pferde von Natur aus Fluchttiere sind, verständigen sie sich hauptsächlich über eine Körpersprache. Wir Menschen müssen diese Sprache verstehen lernen. Dann können wir uns sehr viel besser mit den Pferden verständigen.

5. Pferde mögen von Natur aus am liebsten eine Körpersprache. Und sie sind Naturtalente im Erspüren von Stimmungen. Deshalb haben sie auch wenig Schwierigkeiten, unsere Körpersprache zu deuten.

6. Pferde stellen für ihr Zusammenleben Regeln auf, die auch der Mensch beachten sollte. Dazu gehört auch pferdegerechtes Verhalten. Wer fremde Pferde kennen lernen möchte, hält zunächst Abstand und geht erst dann zu diesen Pferden, um Körpergeruch auszutauschen.

7. Jeder kann sich selbst ein Urteil darüber bilden, wie intelligent Pferde sind. Ihre Fähigkeiten, sich neuen Bedingungen anzupassen, ihre Neugier und ihr Vertrauen zum Menschen sind sehr groß.

8. Das Wälzen ist eine Lieblingsbeschäftigung von Pferden und die beliebteste Körperpflege. Es ist auch wichtig für das seelische Wohlbefinden.

9. Das Pferd ist ein Pflanzenfresser mit kleinem Magen. Deshalb verbringt es die meiste Zeit des Tages mit Fressen. Die Schlaf- und Ruhepausen sind dagegen nur kurz.

10. Die natürlichste Art, Pferdenachwuchs zu bekommen, ist das ausführliche Liebesspiel von Hengst und Stute auf der Weide. Wo das nicht möglich ist, kann eine künstliche Besamung vorgenommen werden.

11. Fohlen und Mutterstute entwickeln ein ganz besonderes Verhältnis zueinander. Diese Freundschaft bleibt oft ein Leben lang bestehen.

12. Ältere Pferde mögen sich nicht mehr von ihrer Herde trennen. Ihr gewohnter und geliebter Lebensbereich ist die Gruppe, ihre Familie. Deshalb sollte jeder Pferdebesitzer so viel Verantwortungsgefühl haben, seinem Pferd einen zufriedenen Lebensabend zu ermöglichen und es nicht wegzugeben.

Pferderassen

Die Vielfalt der Rassen

Ponys und Pferde unterscheiden sich hauptsächlich in ihrer Körpergröße. Dabei wird das Stockmaß – die Höhe vom Boden bis zur Oberlinie des Widerristes – gemessen. Pferde, die bis zu 147,5 cm groß sind, gehören zu den Ponys. Dabei nennt man Pferde, die nah an dieser Grenze liegen, Kleinpferde.

Die Pferde, deren Stockmaß über 147,5 cm liegt, sind Großpferde. Die Aufteilung in Warmblüter und Kaltblüter hat nichts mit der Körpertemperatur zu tun. Die schweren Kaltblutpferde sind einfach ruhiger und behäbiger. Das ist für Arbeitspferde vorteilhaft. Die Bezeichnung bezieht sich also nur auf das Temperament dieser Pferde.

Mit der Pferdezucht hat sich der Mensch Nutztiere geschaffen, die seinen Bedürfnissen und seinem Lebensraum angepasst sind. Wo auf fruchtbarem Boden saftiges Gras wächst, sind die schweren Rassen zu Hause, die viel Futter brauchen. In heißen Klimazonen mit Grassteppen leben die kleineren, zähen Pferde.

Jahrhundertelang waren Pferde die Arbeitstiere des Menschen. In allen möglichen Bereichen brauchten die Menschen das Pferd: Es pflügte für sie die Felder, zog den Fischern die schweren Netze aus dem Meer, karrte Milch und Gemüse durch die Städte oder lief vor der Postkutsche.

Heutzutage ist das anders. Es gibt nur noch wenige Arbeitspferde. Die meisten sind Sport- und Freizeitpferde.

In Deutschland werden alle möglichen Rassen gezüchtet und verkauft: auch Westernpferde, südamerikanische Criollos oder Pasos Peruano, Andalusier, Berber und russische Pferde.

Die Geschichte des Pferdes

Der Urahn unseres Pferdes lebte vor vielen Millionen Jahren in den Urwäldern Europas und Amerikas. Wissenschaftler nennen das etwa wolfsgroße Tier „Eohippus". Es hatte Zehen an den Füßen statt Hufe.

Im Lauf der Jahrtausende passte sich das Pferd neuen und veränderten Lebensbedingungen an. Es wurde größer, langbeiniger und bekam Hufe statt Zehen.

In der Steinzeit jagten die Menschen Pferde. Das Fleisch diente zur Nahrung, aus den Knochen wurde Werkzeug geschnitzt.

Irgendwann – wahrscheinlich ein paar tausend Jahre

vor Christus – zähmten Menschen das Pferd als Trag- und Zugtier und ritten es dann auch.

Das Pferd veränderte jetzt die Lebensgewohnheiten der Menschen. Mit diesen Tieren konnte man Waren von einem Ort zum anderen transportieren. Sie zogen den Pflug und erleichterten die Jagd.

Bis in dieses Jahrhundert waren Pferde aus dem täglichen Arbeitsleben nicht wegzudenken. Aber dann kamen Autos und Traktoren. Die leistungsstärkeren Maschinen ersetzten das Pferd.

Heute gibt es nur noch wenig Arbeit für Pferde. Eine kleine Anzahl rückt Holz im Wald oder kutschiert Touristen durch die Gegend. Die meisten haben einen anderen Job: Sie sind Leistungssportler oder Freizeitpartner des Menschen.

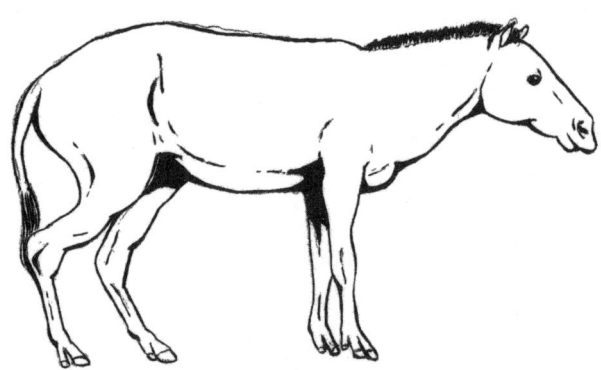

Die Ponyrassen – klein, aber oho

Großbritannien ist ein klassisches Pony- und Pferdeland. Von dort kommen viele bekannte Ponyrassen:

- das Shetlandpony
- das Exmoorpony
- das Dartmoorpony
- die Welsh-Ponys
- das Highlandpony
- das Dales- und das Fellpony
- das New-Forest-Pony

Aus Irland kommt das Connemarapony, und das Islandpony stammt von der Insel Island.

Außer dem Isländer, der auch problemlos Erwachsene tragen kann, gelten Ponys als Kinderreitpferde. Ihre Größe harmoniert mit der Körpergröße von Kindern. Auch die jüngsten Reiter können dann selbstständig putzen, auftrensen und satteln. Man muss aber immer daran denken, dass Kinder wachsen und irgendwann für ihr Pony zu groß werden.

Das Shetlandpony

Shetlandponys gibt es in allen Farben, sogar als Schecken. Mit einem Stockmaß von ungefähr einem Meter sind die kleinen Shettys beliebte Reitpferde für Kinder.

Die Heimat dieser Ponys sind die Shetlandinseln nördlich von Schottland.

In diesem rauen Klima ist die Nahrung nicht sehr üppig. Die zähen Tiere fressen vor allem Moos, saure Gräser und Seetang.

Trotzdem sind die Shettys sehr kräftige und stämmige Ponys. Auf den Inseln arbeiten sie als Tragtiere und in der Landwirtschaft.

Im 19. Jahrhundert arbeiteten sie als Zugtiere unter Tage in englischen Bergwerken. Sie zogen in den niedrigen Stollen schwere Kohlewagen. Tausende von Tieren überlebten die Strapazen nicht lange oder bekamen eine Staublunge.

Shetlandponys eignen sich hervorragend als Kutschpferde. Die genügsamen und robusten Tiere können besonders gut im Offenstall gehalten werden. Der dicke Winterpelz macht sie unempfindlich gegen Kälte. Im Sommer haben sie dagegen ein seidig feines Fell.

Das Shetlandpony darf nicht auf üppigen Weiden stehen, sonst wird es leicht zu fett oder sogar krank. Und es braucht eine Aufgabe, damit es sich nicht langweilt; als Kinderreitpferd oder auch als Kutschpferd.

Ponys dieser Rasse werden oft sehr alt.

Das Exmoorpony

Die Exmoorponys gelten als älteste englische Ponyrasse. Sie kommen ursprünglich aus den Moorgebieten zwischen Devon und Somerset.

Das besondere Kennzeichen der Exmoorponys ist ihr mehlfarbenes Maul. Genauso weiß sind auch der Bauch und die Innenseiten der Schenkel gefärbt.

Exmoorponys sind etwa 1,20 m groß und recht kräftig gebaut. Das Fell ist im Winter dick und borstig, das Sommerfell dagegen glänzt messingfarben.

Exmoorponys sind beliebte und zuverlässige Kinderreitpferde.

Das Dartmoorpony

Aus einem riesigen Moor- und Heidegebiet im Südwesten Englands stammen die Dartmoorponys.

Die meisten Züchter lassen die Ponys frei umherstreifen. Durch das raue Klima und den spärlichen Graswuchs sind die Tiere zäh und genügsam, aber stark und kräftig gebaut.

Dartmoorponys haben etwa die gleiche Größe wie Exmoorponys. Die meisten dieser Ponys sind Braune, Dunkelbraune, Rappen oder Schimmel.

Die Welsh-Ponys

Ursprünglich lebte das Welsh-Mountain-Pony als Wildpferd in den Bergen von Wales in Großbritannien. Die Bauern zähmten es und kreuzten in späteren Jahren immer wieder Araber ein. So entstand ein sehr schönes kleines Pferd mit hervorragenden Reiteigenschaften.

Heute gibt es vier verschiedene Zuchtrichtungen bei den Welsh-Ponys: das ursprüngliche Welsh-Mountain-Pony mit einem Stockmaß um 1,20 m, das Welsh-Pony der Sektion B mit einer Größe um 1,35 m und das etwa gleich große Welsh-Pony der Sektion C, das etwas kräftiger gebaut ist und sich gut als Kutschpferd eignet.

Das Welsh-Pony der Sektion D ist mit einem Stockmaß zwischen 1,42 m und 1,55 m der mächtigste Vertreter der Welsh-Ponys.

Es wird als Arbeits- und Jagdpferd gezüchtet und kann sehr gleichmäßig traben. Deshalb ist dieses Welsh-Pony ein gutes Kutschpferd.

Welsh-Ponys werden auch in Deutschland gezüchtet.

Das Highlandpony

Das Highlandpony ist eine der ältesten englischen Ponyrassen und das größte und stärkste. Es wird bis zu 1,45 m groß.

Seine Heimat ist das schottische Highland mit seinen Bergen und Hügeln und einige Inseln vor der Westküste Schottlands. Highlandponys sind richtige Familienponys, denn sie können von Kindern und von Erwachsenen geritten werden.

Meistens sind sie Falben in verschiedenen Tönungen mit silbernen Haaren in Schweif und Mähne.

In Großbritannien sind die Highlandponys als ideale Wanderreitponys bekannt.

Das Dales- und das Fellpony

Früher gab es zwischen Dalespony und Fellpony keinen Unterschied, außer dass sie an verschiedenen Hängen der Pennin-Bergkette in Nordengland beheimatet waren.

Ponys beider Rassen mussten im vorigen Jahrhundert als Lasttiere Blei aus den Bergwerken bis zur Küste transportieren.

Später entstanden ganz unterschiedliche Rassen, da das Dalespony mit dem Welsh-Cob und auch mit dem englischen Vollblut gekreuzt wurde. Das Fellpony dagegen blieb über die Jahrhunderte fast unverändert.

Das Dalespony ist heute etwas größer als das Fellpony. Beide sind meist Rappen oder Dunkelbraune und haben selten Abzeichen. Beide Rassen eignen sich hervorragend zum Reiten und zum Fahren.

Das New-Forest-Pony

In einem großen Naturpark in Südengland leben die New-Forest-Ponys. Sie gehören den dort ansässigen Bauern und tragen das Brandzeichen ihres Besitzers.

Im Laufe der Jahre kreuzten die Züchter viele Pferde anderer Rassen ein. Deshalb veränderte sich das Aussehen dieses Ponys mehrmals. Es gibt New-Forest-Ponys in verschiedenen Größen, von 1,22 m bis 1,45 m.

Die New-Forest-Ponys werden heute in England und in anderen Ländern als Familienpferde gehalten.

Das Connemarapony

Die Heimat dieser Ponys ist Irland.

Früher wurden Andalusier und Araber in die Zucht eingekreuzt, aber auch englisches Vollblut. Das Connemarapony ist heute ein robustes, schnelles Pony, das ein Stockmaß zwischen 1,35 m und 1,40 m hat und sehr vielseitig ist. Die ursprüngliche Farbe waren Falben. Heute gibt es aber auch Schimmel, Dunkelbraune und Braune.

Das deutsche Reitpony

Der Name deutsches Reitpony bezeichnet keine eigenständige Rasse, sondern ist ein Oberbegriff für eine Kreuzung von Ponys mit Arabern und Großpferden. Das deutsche Reitpony ist ein leicht rittiges und springfreudiges Pony für Jugendliche, die auf Turnieren starten wollen. Es darf nicht größer als 147,5 cm sein, damit es noch in die Klasse der Ponys gehört. Mit den typischen Ponys der anderen hier beschriebenen Rassen hat dieses kleine Pferd keine große Ähnlichkeit.

Das Islandpony

Über mehr als tausend Jahre waren die Islandponys das einzige Transportmittel der meist unwegsamen und sumpfigen Insel Island. Es ist überliefert, dass norwegische und schottische Siedler mit ihren Pferden auf Island einwanderten und die Rassen sich vermischten. Daraus entstand das Islandpony.

Es ist für seine Größe von ungefähr 1,30 m Stockmaß sehr stark und kräftig, sodass es auch Erwachsene mühelos tragen kann.

Die besondere Eigenart der Islandponys ist die Gangart Tölt. Diese Technik verhindert, dass die Ponys im Moor und im Sumpf einsinken oder auf glitschigem Boden ausrutschen. Beim Tölt verlagert das Pferd sein Gewicht nur kurz auf jeden Fuß und zieht sein Bein nacheinander schnell wieder hoch. Das geschieht in wechselnder Folge mit allen vier Gliedmaßen. Der Tölt ist auch eine sehr angenehme Gangart für den Reiter, da sich das schnelle Auffußen kaum auf den Pferderücken überträgt. So sitzt man gemütlich wie auf einem Sofa.

Auf Island leben die Jungpferde fünf Jahre lang wild in der Herde. Erst dann werden Pferde ausgewählt und eingefangen.

Islandpferde sind an raues Klima gewöhnt. Deshalb haben viele Ponys, die zu uns eingeführt werden, Probleme mit dem vergleichsweise warmen Wetter und werden krank.

Das Dülmener Wildpferd

Im Merfelder Bruch, zwischen dem Ruhrgebiet und der Stadt Münster, gibt es ein Gebiet, in dem etwa 250 Pferde auf einer Fläche von ungefähr 30 Hektar ziemlich ungestört leben.

Dieses Stück Wald, Moor und Heide ist von einem Zaun umgeben, und die Pferde sind das Jahr über sich selbst überlassen. Nur in besonders harten und kalten Wintern wird Heu zugefüttert.

Die Hengste paaren sich ungestört mit den Stuten. Die Stuten bringen ihre Fohlen ohne menschliche Hilfe zur Welt.

Jedes Jahr, am letzten Samstag im Mai, wird die Herde in einen Pferch getrieben, und die überzähligen Jährlingshengste werden herausgefangen. Sie bekommen dann ein Brandzeichen und werden verkauft.

Die Ponys heißen Dülmener Wildpferde, sie werden immer wieder mit anderen Rassen gekreuzt. Es gibt hauptsächlich drei Farbrichtungen: Mausgraue, Falben mit einem Aalstrich auf dem Rücken und Dunkelbraune mit Mehlmaul.

Ihr Stockmaß liegt zwischen 1,25 m und 1,35 m. Die Dülmener Wildpferde gelten als sehr friedfertige und gelehrige Ponys und sind für verschiedene Bereiche des Pferdesports geeignet: als Reit-, Kutsch- oder Voltigierpferde.

Weitere Ponyrassen

Kleine, kräftige und genügsame Pferde gibt es fast überall auf der Welt.

In Portugal ist das Sorraiapony zu Hause. In Indonesien leben die Sumbawa- und die Sandelholz-Ponys. In

Südafrika lebt das Basuto-Pony und in Mexiko der Galiceno. Das Sable-Insel-Pony stammt aus Kanada. Und die Chincoteague- und Assateague-Ponys sind auf den Inseln vor der Küste Virginias heimisch. Auch in China, Tibet oder Indien gibt es viele einheimische Ponyrassen, die als Reit-, Zug- und Lasttiere arbeiten.

Die Selbstbewussten: Kleinpferde

Das Fjordpferd

Das Fjordpferd kommt aus dem westlichen Norwegen. Man erkennt es sofort an seinem ockerfarbigen Fell, der schwarz- und ockerfarbenen Mähne und dem Aalstrich auf dem Rücken. Meist wird die Mähne gestutzt, sodass die Pferde eine Stehfrisur haben.

Das Stockmaß liegt bei 1,48 m, und die Figur ist kräftig. Das Fjordpferd ist ein sehr zuverlässiges, aber auch selbstbewusstes Pferd.

Es lässt sich gut reiten und als Kutschpferd fahren. In Deutschland gibt es einige Gestüte, die Fjordpferde züchten.

Der Haflinger

Haflinger sind beliebte Freizeitpferde.

Sie sind leicht zu erkennen: Haflinger haben hell- bis dunkelbraunes Fell, eine üppige weiße Mähne und einen weißen Schweif. Ihr Name ist von dem Tiroler Dorf Hafling abgeleitet. Die Haflinger waren ursprünglich Gebirgspferde, die als Saumtiere schwere Lasten über die steilen Alpenpässe tragen mussten. Auch als Holzrückpferd und vor Schlitten und Kutschen ist dieses Pferd ein sehr zuverlässiger Partner.

Haflinger sind als Rasse schon im 14. Jahrhundert erwähnt. Sie sind aus Kreuzungen von Kaltblütern und Arabern entstanden. Haflingergestüte gibt es fast überall auf der Welt.

Es gibt darunter Pferde aus alten Zuchtrichtungen, die einen sehr kräftigen und untersetzten Körperbau haben, und Haflinger, die einen höheren Araberanteil haben und zierlicher wirken.

Die Fuchsfarbe ist das Erkennungszeichen der Haflinger. Es gibt unterschiedliche Farbabstufungen vom dunkelglänzenden Kohlfuchs bis zum hell schimmernden Goldfuchs. Fast immer sind Haflinger mit ihren üppigen Mähnen und Schweifen sehr schöne Pferde.

Sie sind lebhaft, selbstbewusst und eigensinnig.

Die Größe der Haflinger liegt so ungefähr zwischen 1,40 m und 1,48 m. Die Verwendungsmöglichkeiten sind sehr vielseitig: Als Arbeits-, Last- und Kutschpferd, für das Freizeit- und Wanderreiten und zur Dressur oder zum Springen ist dieses Pferd geeignet.

 # Orientalische Pferde

Das arabische Vollblut

Das arabische Vollblut ist für seine Zähigkeit und Genügsamkeit bekannt.

Die Beduinen der Wüste züchteten Pferde, die das harte Wüstenklima mit wenig Wasser und Temperaturunterschieden zwischen den heißen Tagen und den kalten Nächten aushalten konnten. Nur Tiere, die diese Strapazen durchstanden, überlebten und wurden zur Zucht zugelassen.

So entstand ein feinnerviges, schnelles, wendiges und zähes Pferd, das fast alle Rassen beeinflusste und veredelte. Welsh-Ponys, englische Vollblüter, Trakehner oder Kaltblüter: Alle sind durch Kreuzungen mit Arabern entstanden.

Eine weitere hervorragende Eigenschaft des arabischen Vollbluts ist seine Menschenbezogenheit. Die Beduinen lebten sehr eng mit ihren Pferden zusammen, und die besten Tiere durften in den Zelten bei den Menschen wohnen. Trotz ihres Temperaments sind Araber sanft, lernen schnell und schließen sich dem Menschen gerne an.

Als im 19. Jahrhundert im arabischen Raum die Zuchtziele nicht mehr europäischen Vorstellungen entsprachen, brachten Europäer arabische Vollblüter nach Großbritannien, Spanien, Deutschland, Polen, Ungarn und in die Tschechoslowakei. Dort gibt es heute weltweit berühmte Vollblut-Araber-Gestüte. Auch heute begeistert der „Trinker der Lüfte", wie das arabische Vollblut auch genannt wird, viele Menschen.

Das eher kleine Pferd mit einem Stockmaß um 1,55 m ist ein hervorragendes Freizeitpferd. Wegen seiner Ausdauer und Härte reiten Distanz- und Wanderreiter oft auf Arabern.

Neben dem arabischen Vollblut gibt es noch zwei weitere Züchtungen:

- Anglo-Araber
- Shagya-Araber

Anglo-Araber sind Kreuzungen zwischen englischem und arabischem Vollblut mit einem Stockmaß um 1,60 m. Diese Zucht ist besonders in Frankreich verbreitet. Auch die Gidrans aus Ungarn sind Kreuzungen aus englischem und arabischem Vollblut.

Shagya-Araber sind eine Mischung von verschiedenen ungarischen Landpferderassen mit Vollblutarabern. Shagya-Araber sind größere Reit- und Kutschpferde.

Die wichtigsten Zuchtstätten sind die Staatsgestüte Babolna und Radautz.

Heute sind die Shagyas hauptsächlich in Ungarn, Deutschland, der Schweiz und in Dänemark vertreten.

Die Legende von der arabischen Pferderasse

Eine Legende erzählt von den Ursprüngen der Araberzucht. Mohammed, der Prophet Allahs, lagerte einst in der Nähe eines Flusses. In einem Pferch hatte er eine Herde Stuten eingesperrt. Drei Tage gab er ihnen kein Wasser. Am vierten Tag öffnete er die Koppeltore. Sofort stürmten die durstigen Tiere in wildem Galopp zum Fluss. Mohammed jedoch rief sie alle bei ihren Namen. Die meisten Pferde hörten nicht darauf, liefen ans Ufer und tranken gierig. Aber fünf Stuten stoppten mitten im Lauf, drehten sich zu Mohammed um, verharrten einen Moment unschlüssig und kehrten dann zurück. Diese fünf Stuten hießen Hamdaniyah, Hadbah, Kuhaylah, Saqlawiyah und Abbayah. Sie wurden „Khamsa al

Rasul Allah" genannt, die „Fünf des Propheten Allahs". Mohammed gab ihnen zu trinken und führte sie dann zum Hengst. So wurden die fünf Stuten die Stammmütter der arabischen Rasse.

Fortan nannte er alle Pferde arabische Vollblüter, die von diesen fünf Linien abstammen.

So weit die Legende. Der wahre Grund für einen Neuanfang der Zucht war wohl eher, dass Mohammed im Jahre 625 eine Niederlage gegen gut berittene Feinde hatte hinnehmen müssen. Mit einer neuen Zucht wollte er unbedingt noch härtere, schnellere und genügsamere Pferde haben, die ihn bei seinem „heiligen Krieg" unschlagbar machen sollten.

Der Berber

Der Berber hat seine Heimat in den nordafrikanischen Ländern und wird auch heute noch in Marokko, Algerien, Tunesien und Libyen gezüchtet. Er stammt von einer europäischen Wildpferderasse, dem alten nimidischen Pferd, ab.

Berber sind zwischen 1,45 m und 1,60 m groß. Auffällig an ihnen ist die lange, häufig gewellte oder lockige Mähne.

Als die Mauren bei ihren Kriegszügen in Spanien einfielen, brachten sie auch Berber ins Land. Diese vermischten sich mit den kleinen spanischen Landpferden zu einer der berühmtesten Rassen überhaupt: den Andalusiern.

Als die Spanier mit ihren Pferden in alle Welt zogen, beeinflussten das Blut der Berber und Andalusier viele Pferderassen: die Lipizzaner, die Knabstrupper, die Frederiksborger, die portugiesischen Alter-Real und die Lusitanos, die Cleveland Bays, die Hackneys, die Welsh Cob und die Connemara wie auch die Quarter Horses, die Appaloosas, die Saddle Horses, die südamerikanischen Pasos, die Criollos und viele andere Rassen.

Der berühmteste Berberhengst ist übrigens „Godolphin Barb", einer der drei Stammväter des englischen Vollbluts.

Auch in Deutschland werden Berber zum Wanderreiten, für Distanzritte und Westerndisziplinen verwendet. In Norddeutschland gibt es ein Gestüt, das Berber züchtet.

Pferde in Westeuropa

Die deutschen Warmblüter

Ursprünglich gab es in Deutschland viele unterschiedliche und dem jeweiligen Gebrauch angepasste Pferderassen. Als aber die Arbeitskraft des Pferdes durch Traktoren, Lastwagen und andere Maschinen ersetzt wurde und Pferde nur noch für Sport und Freizeit gezüchtet wurden, vermischten sich die Rassen. Es entstand ein einheitlicher Typ, das deutsche Reitpferd. Deshalb wird die Pferdezucht in Deutschland heute hauptsächlich in Zuchtgebiete aufgeteilt.

Der Hannoveraner ist die Warmblutrasse mit dem größten Pferdebestand in Deutschland. Georg II. gründete als König von England und Hannover 1735 das Landgestüt Celle. Dort stellte er ausgewählte Hengste für die Zucht bereit. Insbesondere wurden Trakehner und englisches Vollblut eingekreuzt.

Auch der Trakehner gehört zu den deutschen Warmblütern.

In neuerer Zeit liegt das Schwergewicht der Zucht auf dem Gebiet des Reitsports. Hannoveraner sind begehrte und erfolgreiche Spring- und Dressurpferde.

Es gibt sie in allen Farben, und ihr Stockmaß liegt zwischen 1,60 m und 1,75 m.

Die Holsteiner sind eine Rasse aus der nördlichsten Gegend Deutschlands, dem Bundesland Schleswig-Holstein. Die riesigen Wiesen dort und genügend Niederschläge sind sehr gute Voraussetzungen für die Pferdezucht.

Der ursprüngliche Holsteiner war ein schweres Pferd, mit dem die Soldaten in den Krieg zogen. In späteren Zeiten kreuzten die Züchter leichtere Pferdetypen, zum Beispiel englische Vollblüter, ein, sodass ein vielseitiges Gebrauchspferd entstand.

Heute sind Holsteiner vor allem als Springpferde begehrt. Ihre Farbe ist meist braun in allen Abstufungen, und ihr Stockmaß liegt zwischen 1,60 m und 1,70 m.

Oldenburger waren früher schwere Warmblutpferde, vor allem für die Arbeit in der Landwirtschaft und als Kutschpferd geeignet. Auch hier ist durch die Einkreuzung von englischen Vollblütern ein elegantes und großes Reitpferd entstanden.

Oldenburger sind vor allem Rappen, Dunkelbraune und Füchse.

Der Trakehner

König Friedrich Wilhelm I. gründete 1732 das deutsche Gestüt Trakehnen. Es lag bei Gumbinnen im nördlichen Teil Ostpreußens.

Dort wurden einheimische Landpferde mit Arabern und englischen Vollblütern gekreuzt. Es entstand der kräftige und schnelle Trakehner, der sowohl in der Landwirtschaft als auch als Reitpferd Verwendung fand. Als sehr widerstandsfähiges und ausdauerndes Pferd wurde es beim Militär eingesetzt.

Trakehnen war, bis es im Zweiten Weltkrieg zerstört wurde, ein weltberühmtes Gestüt. Im ehemaligen Ostpreußen und heutigen Polen ist bei Bartenstein das Gestüt Liesken entstanden. Dort leben heute rund 500 Pferde mit Trakehner Abstammung.

Das Brandzeichen der Trakehner ist die Elchschaufel. Berühmte Trakehner sind der Hengst „Tempelhüter", dessen Denkmal vor dem Moskauer Pferdemuseum steht, und die Stute „Halla", mit der Hans-Günter Winkler Olympiasieger wurde.

Der Friese

In den Niederlanden liegt die Provinz Friesland. Dort kreuzten im Mittelalter die einheimischen Bauern ihre Landpferde mit Andalusiern. Sie züchteten ein ziemlich kräftiges und schnelles Pferd mit einer besonderen Begabung zum Renntrab. Man nannte diese Pferde Harttraber, und sie beeinflussten daraufhin andere Traberrassen, wie den russischen Orlow-Traber oder den amerikanischen Traber.

Zu Beginn des 20. Jahrhunderts waren die Friesen jedoch fast ausgestorben. Heute sind die schwarzfarbenen Friesen – die „Schwarzen Perlen" – wieder als Kutsch und Dressurpferde begehrt.

Die Friesen haben ein imposantes Äußeres mit langen, lockigen Mähnen und buschigen Fesselhaaren. Ihr Stockmaß liegt um 1,60 m.

Auch in Deutschland gibt es einige Gestüte, die Friesen züchten.

Das englische Vollblut

Schon von jeher hatten die Menschen Interesse an Pferderennen. In früheren Zeiten fanden diese Wettbewer-
be im Rahmen von Reiterspielen oder traditionellen
Festen statt. Später wurden aber auch spezielle Renn-
bahnen gebaut.

Im englischen Newmarket fand im Jahre 1605 das erste große Rennen statt. Seit 1709 gibt es Listen darüber, welche Pferde in Rennen siegten, und 1793 erschien das erste Stutbuch, in dem etwa 5500 Pferde eingetragen sind. Das war die Geburtsstunde des englischen Vollbluts.

Die Stammväter des englischen Vollbluts sind drei orientalische Hengste, die zwischen 1690 und 1730 auf die britische Insel kamen. Über alle drei sind Legenden überliefert.

So soll „Byerley Turk", ein hellbrauner Turkmene, im Kampf gegen die Türken bei Wien erbeutet worden sein. Er wurde nach England gebracht und lebte dort als Deckhengst auf einem Gestüt.

Den Vollblutaraber „Darley Arabian" kaufte der britische Konsul in Syrien von einem Beduinenscheich. Der Hengst ist ein Vorfahre des berühmtesten Rennpferdes aller Zeiten: Eclipse. Dieses Pferd lief sein erstes Rennen mit fünf Jahren und verlor sein ganzes Leben lang kein einziges Mal.

Am abenteuerlichsten ist jedoch die Geschichte des dritten Hengstes. Dieser Berberhengst hieß ursprünglich „Sham" und war ein Geschenk an den französischen König Ludwig XV. Der König fand das Tier hässlich, und er gab es an einen Händler weiter.

Sham musste nun einen Kohlenkarren durch Paris ziehen. Dabei entdeckte der Engländer Edward Coke das Pferd und kaufte es. Sham kam nach England auf das Gestüt des Earl of Godolphin. Dort deckte er die Stute Roxana. Ihr Hengstfohlen „Lath von Sham" war das berühmteste Rennpferd seiner Zeit. Und so wurde Sham als „Godolphin Barb" zum Zuchthengst.

Zum englischen Vollblut gehören heute nur Pferde, deren Stammbaum sich lückenlos auf das General Stud Book von 1793 zurückverfolgen lässt.

Der Name englisches Vollblut ist nicht ganz treffend. Im Englischen heißen diese Pferde Throughbred. Das bedeutet „durch und durch gezüchtet". Diese Rennpferde sind nur nach Leistung ausgewählt und somit die Spitzensportler unter den Rassen.

Im Rennsport kommen die Pferde schon mit ein-dreiviertel Jahren zum Training auf die Rennbahn. Mit zwei Jahren laufen sie ihre ersten Rennen.

Wer ein Pferd von der Rennbahn erwerben möchte, darf kein Anfänger sein, da diese Tiere eine sehr sorgfältige und behutsame Ausbildung brauchen, bis sie als Freizeitpferd ausgebildet sind.

Der Lipizzaner

Die berühmten Pferde, die man in der Hofreitschule
in Wien bewundern kann, sind Lipizzaner. Die Pferde
dieser Rasse sind nach dem Gestüt Lipizza benannt, das
im Jahr 1580 in der Nähe von Triest gegründet wurde.

Das Vorbild der Rasse ist der Andalusier, der auch bei
ihrer Entstehung eingekreuzt wurde. Lipizzaner haben
ein Stockmaß um 1,55 m.

Sie sind fast immer Schimmel und nur ganz selten Braune.

Lipizzaner-Gestüte gibt es auch in Österreich, Rumänien und der Tschechischen Republik.

Der Andalusier

In Spanien züchteten Großgrundbesitzer, Adlige und Könige die Andalusier als Reitpferde. Das einfache Volk ritt aber auf Maultieren und Eseln. Im Mittelalter waren Andalusier ideale Reitpferde. Der englische Duke of Newcastle nannte die Andalusier die edelsten Pferde der Welt. Für die Franzosen waren sie der „Thron der Könige".

Während die Stuten zur Zucht verwendet werden, erhalten die besten Hengste eine sorgfältige Dressurausbildung, die Hohe Schule. Das sind Dressuraufgaben der höchsten Schwierigkeit. Allein schon der „Paso Andadura" ist eine sehr eindrucksvolle Gangart zwischen Schritt und Trab. Es sieht fast so aus, als würden die Pferde schweben.

Die südspanische Stadt Jerez de la Frontera ist eine Hauptstadt der Pferde. Hier findet alljährlich in der zweiten Maiwoche die „Fiera del Caballo", die große

Pferdemesse und Zuchtschau, statt. Mitten in der Stadt liegt die Königlich-Andalusische Reitschule, die 1973 gegründet wurde.

Einmal in der Woche zeigen dort die Andalusier vor Publikum ihr Können. Die Schau heißt „Wie die andalusischen Pferde tanzen", und das drückt schon die Leichtigkeit und Harmonie der Darbietungen aus. Nicht weit von Jerez liegt das Gestüt „Cortijo de Vicos". Hier leben auf riesigen Weiden ungefähr 100 Stuten mit ihren Fohlen und ihren Jährlingen.

Die Andalusier sind mittelgroße Pferde mit einem Stockmaß um 1,55 m. Es gibt Dunkelbraune, Braune und auch einige Rappen. Am allerhäufigsten sind aber Schimmel.

Der Andalusier ist ein Pferd für Freizeitreiter, die Spaß daran haben, sich und ihr Pferd in der iberischen Reitweise auszubilden.

Dem Andalusier ähnlich ist der portugiesische Lusitano.

Das Camarguepferd

Seit vielen Jahrhunderten leben im Süden Frankreichs, der Camargue, kleine, stämmige, aber sehr wendige Pferde. Vermutlich sind die Camarguepferde eine Mischung aus verschiedenen Rassen, wie Araber, Berber und französischen Ponys.

Die Camargue ist ein Gebiet in den Sümpfen und Niederungen des Rhone-Deltas, in dem kein Ackerbau, sondern Viehwirtschaft betrieben wird. Die Stierhirten dieser Gegend, die Gardians, trainieren ihre Camarguepferde auf Schnelligkeit und Wendigkeit.

Die Camarguepferde sind Schimmel. Als genügsame und gut zu reitende Pferde haben sie auch viele Liebhaber in Deutschland gefunden.

Pferde in Osteuropa

In Polen werden hervorragende Vollblutaraber gezüchtet, und es gibt dort auch bedeutende Trakehnerzuchten. Eine echte polnische Rasse sind die Wielkopolski. Dieser Name wird für alle polnischen Warmblutpferde benutzt, bezeichnet aber eigentlich den Zusammenschluss von Posener Pferd und Masure. Das Posener Pferd ist eine Kreuzung von Arabern, englischem Vollblut und Hannoveranern. Der Masure geht auf den Trakehner zurück. Aus diesen vier Blutlinien entstand der Wielkopolski. Er ist ein sehr gutes Reitpferd, hat ein Stockmaß um 1,66 m und kommt in allen Pferdefarben vor.

Aus den Gebieten der ehemaligen Sowjetunion stammen mehrere weltbekannte Rassen.

Der Achal-Tekkiner ist eine der ältesten Pferderassen, die schon vor langer Zeit in den Oasen der turkmenischen Wüste gezüchtet wurde. Die Turkmenen verehrten diese Pferde und fütterten sie mit einem speziellen Futtergemisch, das auch Hammelfett enthielt. Das extreme Klima mit sengender Sonne und kalten Nächten machte die Tiere zäh und widerstandsfähig.

Achal-Tekkiner sind sehr schöne Tiere. Ihr Körperbau ist feingliedrig und elegant, das Fell seidig mit einem glänzenden Schimmer. Sie sind zwischen 1,45 m und 1,55 m groß.

Das Donpferd ist nach dem russischen Fluss Don benannt. Im 18. Jahrhundert ritten die Kosaken auf diesen schnellen und wendigen Pferden. Später wurden Turkmenen, Karabakh und Vollblüter eingekreuzt. Das Stockmaß liegt um 1,60 m. Ihr Fell ist meist fuchsfarben und hat oft einen Goldschimmer.

Der Karabakh ist auch eine sehr alte Rasse. Seine Heimat ist das Karabakh-Gebirge im heutigen Aserbeidschan.

Ähnlich wie der Achal-Tekkiner stammen diese Pferde von der turkmenischen Urrasse und vom Arabischen Vollblut ab. Der Karabakh ist mittelgroß mit einem Stockmaß um 1,50 m. Sein Fell ist dem des Achal-Tekkiners ähnlich. Es hat auch den typischen metallischen Glanz.

Pferde in Nordamerika

Der Appaloosa

Erst als die Spanier Amerika besiedelten, brachten sie auch Pferde mit auf den Kontinent, auf dem diese Tiere wahrscheinlich schon vor Jahrtausenden ausgestorben waren.

Unter den Pferden, die spanische Eroberer im 16. Jahrhundert mitbrachten, müssen Tiere mit gefleckter Fellfärbung gewesen sein, die sich immer wieder vererbte.

Die Nez-Percé-Indianer züchteten diese Pferde im Nordwesten der USA am Palouse River. Aus „A Palouse Horse" wurde der Name Appaloosa.

Diese Pferde haben besondere Fellzeichnungen, die in sechs Grundmuster aufgeteilt sind:

- Leopardbunt mit schwarzen Flecken auf weißem Grund
- Schneeflockenbunt mit hellen Flecken auf dunklem Grund
- Deckenbunt mit Flecken auf der Kruppe und an der Lende
- Schabrackenbunt, eine dunkle Grundfarbe, wobei die Nieren- und Kruppenpartie weiß mit dunklen Flecken ist
- Schabrackschneeflockenbunt, eine Mischform beider Zeichnungen
- Marmorbunt mit weißen Stichelhaaren und verschiedenen dunklen und hellen Flecken auf braunem oder dunkelgrauem Fell

Die Haut um Lippen, Nüstern und Geschlechtsteile ist rosagrau gesprenkelt. Das Auge sieht wie ein menschliches Auge aus. Es hat eine kleine, runde Iris, und die weiße Netzhaut ist immer sichtbar.

Der Appaloosa ist etwa 1,50 m groß und ist ein sehr schnelles, wendiges und ausdauerndes Westernpferd. Auffällig ist auch sein freundliches und ruhiges Wesen.

In Nordamerika wird eine neue Rasse gezüchtet, für die Appaloosas mit Shetlandponys gekreuzt werden. Dieses „Pony of the Americas" hat ein Stockmaß um 1,30 m und sieht aus wie ein kleiner Appaloosa. Mit dem ursprünglichen Shetty haben diese Pferde keine Ähnlichkeit. Sie werden als Reitpferde für Jugendliche gezüchtet.

Das Quarter Horse

Das American Quarter Horse ist das bekannteste Westernpferd. Mit über drei Millionen Tieren in über 60 Ländern ist es die größte Pferderasse.

Vor ungefähr 300 Jahren veranstalteten die Siedler in den Südstaaten der USA bei jeder Gelegenheit Pferderennen. Es waren Kurzstreckenrennen – meist die Dorfstraße entlang – über eine Länge von einer Viertelmeile, „a quarter mile". Daher kommt auch der Name dieser Pferderasse.

Quarter Horses sind wahre Muskelpakete, die blitzschnell losrennen können und nach kürzester Zeit schon ihre Höchstgeschwindigkeit erreichen. Dabei sind diese Pferde ruhig, gelassen und wendig. Deshalb wurden sie auch von den Cowboys bei der Rinderarbeit geritten. Dabei entwickelten sie den so genannten „cow sense", ein untrügliches Gefühl für das Verhalten der Kühe.

Wie der Appaloosa ist das Quarter Horse ein mittelgroßes Pferd. Die Zucht entwickelte sich aus englischen und irischen Warmblutrassen, aber auch aus Arabern, Berbern und englischen Vollblütern. Dazu kam noch der Einfluss spanischer Pferde, aus denen die Chickasaw-Indianer sehr schnelle und ausdauernde Ponys züchteten.

Die Quarter Horses gibt es in einer Vielzahl von Pferdefarben und Schattierungen. Die Farbabstufungen reichen von Schwarz (black), Schwarzbraun (brown), Braun (bay), Fuchs (sorell), Rotfuchs (chestnut), stichelhaarig (blue und red roan), verschiedene Abstufungen von Falben (dun, red dun und buckskin), Mausgrau (grullo) über Schimmel (grey) bis zum goldfarbenen Palomino. Viele Cowboys glauben, dass die Buckskins die besten Quarters sind.

Das Morgan Horse

Um das Morgan Horse, eine in den USA sehr beliebte Rasse, rankt sich eine interessante Geschichte. 1793 wurde im Staat Vermont ein kleiner brauner Hengst geboren, vermutlich eine Kreuzung aus Araber, englischem Vollblut und Welsh. Justin Morgan kaufte ihn und war von diesem Hengst so begeistert, dass er ihn in der Zucht einsetzte. Das Erstaunliche war, dass alle Nachkommen ziemlich genau dem Vatertier ähnelten. Nach seinem Besitzer wurde der Hengst „Justin Morgan" genannt und für eine große Summe von der US-Army gekauft. So entstand das Morgan Horse.

Heute sind diese Pferde etwas größer mit einem Stockmaß von ungefähr 1,60 m. Aber ihr Aussehen hat sich kaum verändert.

Das American Saddle Horse

Das Besondere am American Saddle Horse sind seine bequemen Gangarten. Neben den drei Grundgangarten beherrscht es noch den langsamen Slow Gait und den schnelleren Rack.

Diese Pferde sind zwischen 1,50 m und 1,60 m groß. Sie wurden im Süden der USA von den Plantagenbesitzern geritten, die so bequem ihre riesigen Besitztümer kontrollieren konnten.

Auch in Deutschland gibt es viele Liebhaber dieser eleganten Pferderasse.

Der Tennessee Walker

Der Tennessee Walker ist mit dem American Saddler verwandt und wird zum gleichen Zweck gezüchtet. Der Unterschied zum American Saddle Horse liegt in den Gangarten. Der Saddler geht im töltähnlichen Slow Gait, während der Walker in einem geschmeidigen schnellen Schritt dahingleitet. Diese Gangart wird Flat Walk genannt und bei hohem Tempo Running Walk. Viele Reiter sagen, dass die Walker die bequemsten Reitpferde sind.

Tennessee Walker sind Rappen, Füchse oder Braune.

Pinto, Paint und Palomino

Streng genommen sind das keine Bezeichnungen für eigenständige Rassen, sondern Farbzuchten. Die Zuchtpferde werden nicht nach ihrer Abstammung ausgesucht, sondern nur nach ihrer Fellfarbe. Das Wort „pinto" ist spanisch und bedeutet „bemalt". Es ist die Bezeichnung für die Pintos, deren Fell große Farbflecken aufweist. Wir nennen solche Pferde Schecken.
Bei den Pintos gibt es zwei Grundmuster, den Tobiano und den Overo.

Tobianos sind weiße Pferde mit braunen oder schwarzen Flecken.

Beim Overo ist es umgekehrt: Die Grundfarbe ist dunkel mit weißen Fellflächen.

Die Paint Horses sind nichts anderes als gescheckte Quarter Horses.

Palominos sind isabellfarben, also goldgelb mit weißer Mähne und weißem Schweif.

Pferde in Südamerika

Der Criollo

Der Criollo ist ein Gebrauchspferd, das in den südamerikanischen Ländern gezüchtet wird. Es ist das Reitpferd
der argentinischen Rinderhirten, der Gauchos.

Als Nachkomme von spanischen Pferden, Arabern und Berbern entstand ein kräftiges Pferd mit starkem Hals und breitem Brustkorb. Das Stockmaß liegt zwischen 1,40 m und 1,50 m. Fast alle Pferdefarben sind vertreten. Häufig sind Criollos Braune und Falben mit Aalstrich, dunkler Mähne und dunklem Schweif.

Berühmt geworden sind die Criollos „Mancha" und „Gato", die auf einem Distanzritt von Buenos Aires bis nach New York über 21000 Kilometer bewältigten.

Der Mangalarga Marchador

In Brasilien leben die Mangalarga Marchadores. Das sind Gangpferde mit töltähnlichem „Marcha". Diesen Gang können diese Pferde auch über lange Strecken durchhalten. Mangalargas eignen sich hervorragend für lange Wanderritte und Distanzwettbewerbe.

Das Stockmaß liegt zwischen 1,45 m und 1,55 m. Im Aussehen gibt es Unterschiede. Manchen Pferden sieht man an, dass sie von kräftigen spanischen oder portugiesischen Vorfahren abstammen. Andere sind eher zierlich und elegant.

In Brasilien selbst sind Schimmel in allen möglichen Schattierungen am beliebtesten. Es gibt die Mangalarga Marchadores aber auch in allen anderen Pferdefarben.

Auch in Deutschland leben Pferde dieser Rasse.

Die Pasos

Bei den Pasos gibt es zwei verschiedene Zuchtrichtungen.

Einmal den Paso Fino, der aus Puerto Rico stammt, aber auch in Kolumbien gezüchtet wird. Diese Pasos sind auch Tölter. Er wird in drei verschiedenen Geschwindigkeiten geritten: Paso Corto, Paso Largo und Classic Fino bei Schauveranstaltungen.

Ihr Stockmaß liegt zwischen 1,40 m und 1,50 m. Es gibt Paso Finos in allen Pferdefarben.

Aus Peru stammt der Paso Peruano. Er ist etwas größer als der Paso Fino. Neben den normalen Grundgangarten heißt der töltähnliche Gang des Paso Peruano Paso Llano. Bei Veranstaltungen und Wettbewerben wird er in verschiedenen Geschwindigkeiten geritten.

Seit über zwanzig Jahren werden Pasopferde auch in Europa gezüchtet und geritten.

Das Caballo Chileno

Spanische Eroberer brachten 1540 ihre Pferde mit nach Südamerika, ins heutige Chile. Das Klima und die Nahrung prägten über die Jahrhunderte das Aussehen der Pferde, die hauptsächlich für die Arbeit in der Landwirtschaft gezüchtet wurden.

Heute wird das Caballo Chileno, das chilenische Pferd, von Landarbeitern als Arbeitspferd oder bei Rodeo-Veranstaltungen geritten. Das chilenische Rodeo unterscheidet sich in einigen Punkten vom nordamerikanischen Rodeo. In Chile wird die Arena Media luna (Halbmond) genannt, jeweils zwei Reiter bilden eine Mannschaft, um ein Rind schnell und ohne Gewalt an die Bande zu drücken. Je nach Geschicklichkeit gibt es Punkte.

Die sanften Riesen: Kaltblutpferde

Ursprünglich züchteten die Menschen Pferde, um sich ihre Arbeit zu erleichtern. Diese Pferde mussten der Landschaft angepasst sein.

Deshalb waren Pferde im Gebirge, in unwegsamem Gelände oder in Moorgebieten beweglich und leicht, aber trotzdem kräftig. Dort entstanden auch die untersetzten und zähen Pony- und Kleinpferderassen.

In den großen fruchtbaren Ebenen züchtete man größere und schwerere Rassen, die Kaltblüter. Die Bezeichnung Warm- oder Kaltblüter sagt nichts über die Temperatur des Körpers aus, sondern bezieht sich auf das Temperament.

Die sanften Kaltblüter lieben es etwas gemütlicher und sind wegen ihrer Körpermasse nicht so wendig und spritzig wie die reinen Reitpferde.

Bis zum Zweiten Weltkrieg waren diese Schwerathleten unter den Pferden aus der täglichen Arbeit der Bauern nicht wegzudenken.

Aber dann ersetzten Motoren-PS die Pferdestärken. Heute gibt es in Europa noch kleine Bestände und Zuchten von Kaltblutpferde-Rassen.

Die meisten Rassen kommen aus Frankreich und England. In Deutschland sind die Schleswiger und die Schwarzwälder Füchse bekannt.

Der Percheron

Diese Kaltblutrasse stammt aus Frankreich, aus der Grafschaft Perche südwestlich von Paris. Von allen Kaltblütern der Welt ist dieses Pferd das bekannteste, weil es auch in vielen anderen Ländern verbreitet ist.

Percherons sind Kreuzungen von Berber- und Araberhengsten mit einheimischen schweren Landstuten.

Sie sind vielseitige Arbeitspferde. Früher zogen sie auf dem Feld den Pflug und in den Städten Omnibusse oder Straßenbahnen, Speditionswagen und Gemüse- oder Milchkarren.

Ihre Größe liegt zwischen 1,60 m und 1,70 m. Trotz ihres hohen Gewichts von bis zu 20 Zentnern sind sie recht beweglich. Im Gegensatz zu den meisten Kaltblutrassen haben die Percherons keinen oder nur wenig Beinbehang.

In der heutigen Zeit sieht man die Kaltblüter nur noch selten: vor Brauereiwagen, Kutschen, im Wald beim Holzrücken oder bei Planwagenfahrten.

Das Shire-Horse

Die Engländer nennen die Shire-Horses „gentle giants", die sanften Riesen. Und sie sind auch die größten Pferde der Welt, oft mit einem Stockmaß von über 1,80 m.

Shire-Horses wurden im Mittelalter als mächtige Pferde für Ritterspiele und als Kriegspferde gezüchtet und später hauptsächlich als Kutschpferde vor dem Wagen gefahren. Zu dieser Zeit kreuzten die Züchter auch Friesen ein.

Besonders auffällig ist beim Shire-Horse der dichte
buschige Fesselbehang, der auch bei Braunen und Rappen oft weiß ist.

In Deutschland wurde 1989 ein „Shire-Horse-Verein" gegründet.

Heute gibt es über 70 dieser Pferde in Deutschland,
und sie werden auch bei Veranstaltungen vor der Kutsche und unter dem Reiter vorgestellt. Besonders beim
Reiten imponieren diese großen und wuchtigen Tiere
durch ihre Wendigkeit und Eleganz.

Das Reiten

Der Sattel

Ein Sattel muss vier Bedingungen erfüllen:

- Er muss zu der gewählten Reitweise passen.
- Er muss dem Pferd passen und das Gewicht des Reiters bestmöglich verteilen.
- Er muss der Reiterin oder dem Reiter passen.
- Der Sattel sollte von guter Qualität sein.

Ein Sattel hat also recht viel mit der Gesundheit des Pferdes und der Sicherheit und Bequemlichkeit für den Reiter zu tun.

Am wichtigsten ist, dass der Sattel dem Pferd richtig passt.

Allein nach der Körpergröße des Pferdes kann man den Sattel nicht kaufen. Die Körperform ist entscheidend: die Höhe und Länge des Widerrists, die Form des Rückens und die Stellung und Breite der Schulter. Deshalb wird ein Sattel zuerst ohne Satteldecke und sonstiges Zubehör auf das Pferd gelegt.

Zwischen der Kammer und dem Widerrist muss ein zwei bis drei Finger breiter Hohlraum sein. Der Sattelbaum muss gut auf der Schulter aufliegen, die Sattelblätter laufen parallel zur Schulter, ohne zu drücken, sonst stoßen sie in der Bewegung an, behindern das Pferd und schieben den Sattel nach hinten.

Die Auflage des Sattels muss mindestens eine Handbreit vor der Nierenpartie aufhören, und der Tiefpunkt des Sattels darf nicht zu weit vorne liegen.

Der Sattel muss vollständig und gleichmäßig aufliegen, sonst entstehen Druckstellen, und das Pferd bekommt Satteldruck.

Auf keinen Fall kann eine dicke Satteldecke einen schlecht passenden Sattel ausgleichen.

In einem Sattel, der dem Pferd nicht passt, kann der Reiter auch nicht im Gleichgewicht sitzen. Auch das Pferd bekommt davon Schmerzen im Rücken und in den Beinen.

Wenn ein Sattel bei dieser ersten Sattelprobe passt, wird die Satteldecke aufgelegt und der Sattel festgeschnallt. Noch einmal muss der Reiter alles überprüfen und dann den Sattel beim Reiten testen. Dabei merkt er, ob der Sattel passt. Wenn der Reiter richtig sitzen kann, ausreichend Bewegungsfreiheit hat, weder eingezwängt ist noch umherrutscht und sich darin bequem und sicher fühlt, dann passt alles zusammen.

Der englische Sattel – für Sportliche

Passend zur englischen Reitweise gibt es verschiedene
Sattelarten:

- Spezialsättel zum Dressurreiten und zum Spring-
  reiten
- den Vielseitigkeitssattel als Mischform zwischen
  Dressur- und Springsätteln
- den Trachtensattel, dessen Auflage nach hinten
  verlängert ist und damit das Gewicht besser verteilt. Er eignet sich auch als Wandersattel.

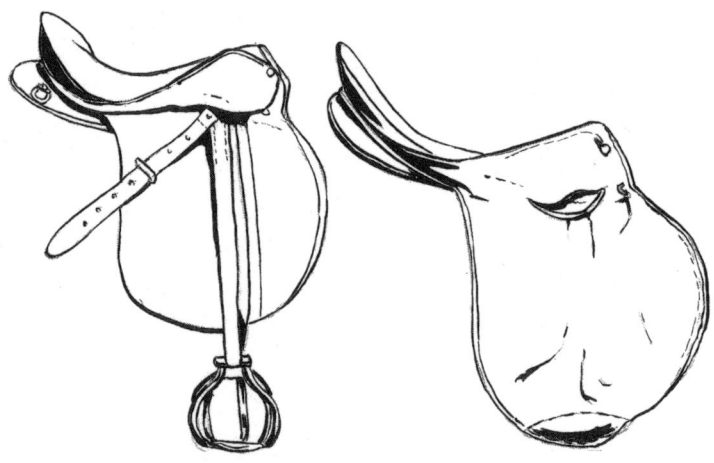

Für das Freizeitreiten kommen der Vielseitigkeits- und der Trachtensattel in Frage. Der Vielseitigkeitssattel hat den Nachteil, dass er durch seine geringere Auflagenstärke das Reitergewicht nicht so gut verteilt und für längere Ritte nicht sehr bequem ist. Der Vorteil von beiden Sattelarten ist eine gute Handhabung durch das geringe Gewicht.

Eignung für andere Reitstile:

- Westernreiten: grundsätzlich möglich
- leichte Reitweise: geeignet

Der Westernsattel – bequem wie ein Sofa

Der Westernsattel entwickelte sich aus den alten spanischen und portugiesischen Sätteln.

Die Cowboys brauchten einen sicheren und bequemen Sattel, weil sie ihren ganzen Arbeitstag lang darin saßen. Die breite Auflage schont den Pferderücken.

An dem typischen Horn am Vordersattel ist bei der Rinderarbeit das Lasso befestigt. Die Swell – das sind Lederwülste direkt unter dem Horn – sind Stützen für die Oberschenkel.

Der Sattelbaum ist das Kernstück des Sattels und bestimmt die Sitzform. Auch bei Westernsätteln gibt es verschiedene Ausführungen, die sich an den Bedürfnissen der Reiter von Westerndisziplinen orientieren.

Der alte kalifornische Arbeitssattel ist ein Hohlsattel, der einen tiefen Sitz gewährleistet. Man sitzt fast automatisch richtig.

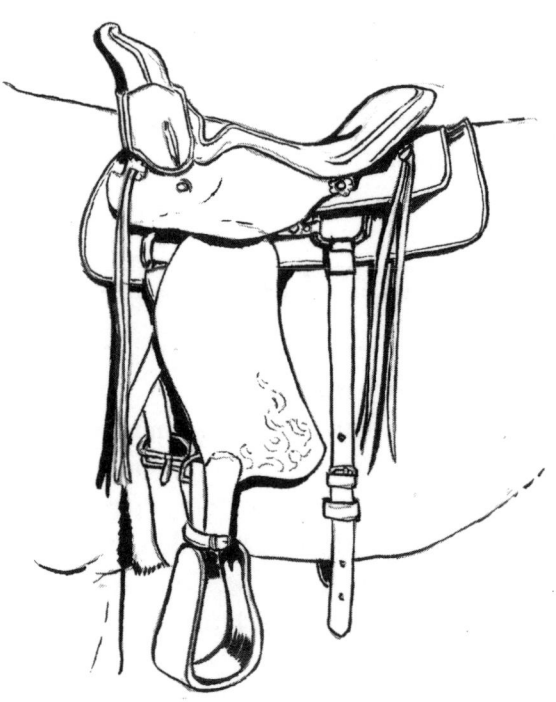

Der Nachteil der Westernsättel ist ihr hohes Gewicht. Für kleine oder schmächtige Leute ist das Aufsatteln ein richtiges Stück Arbeit.

Durch die breiten Lederstücke, die Fender, die über den Steigbügelriemen liegen, kann der Reiter im Westernsattel auch mit normalen Jeans reiten, ohne dass ihm die Steigbügelriemen ins Bein kneifen. Die großen schweren Ledersteigbügel verhindern, dass der Reiter im Bügel hängen bleibt, wenn er stürzt.

Eignung für andere Reitstile:

- englische Reitweise: nicht möglich
- leichte Reitweise: nicht geeignet
- Freizeitreiten: sehr gut geeignet

Mit dem Westernsattel sind nur Sprünge bis ungefähr 50 cm möglich. Bei höheren Hindernissen rammt sich der Reiter unweigerlich das Horn in den Bauch.

Neben dem Westernsattel gibt es noch weitere Sättel, die für das Freizeitreiten in Frage kommen:

Der Stocksattel

Diese Sättel gibt es in Australien, wo die Rinderhirten nicht Cowboys, sondern Stockmen heißen. Durch extra eingearbeitete Stützen sitzt der Reiter besonders sicher im Sattel.

Die spanischen und portugiesischen Sättel

Auch das sind Hohlsättel, in denen der Reiter gut sitzt. Sie gelten als die Vorläufer und Vorbilder des Westernsattels.

Der Camargue- oder Gardiansattel

Dieser Sattel der südfranzösischen Stierhirten, der Gardians, ist den kleinwüchsigen Camarguepferden angepasst. Bei anderen Pferden muss sorgfältig geprüft werden, ob er passt.

Der mexikanische Vaquerosattel

Er entspricht dem Westernsattel, ist aber viel leichter. Dieser Sattel ist allerdings im Gegensatz zu den anderen erwähnten Sätteln bei uns schwer erhältlich.

Verschiedene Wander- und Distanzsättel

Darin hat der Reiter einen bequemen Sitz und durch viele Ösen und Schnallen die Möglichkeit, Gepäck mitzunehmen.

Der Sattelkauf – neu oder gebraucht?

Jedes Reitpferd braucht einen guten Sattel. In schlecht aufliegenden Sätteln kann das Reiten gefährlich sein. Und die eigene Sicherheit und die Gesundheit des Pferdes sind unbezahlbar. Andererseits kosten erstklassige Sättel sehr viel Geld, und nicht jeder kann sich das leisten. Es ist besser, einen guten gebrauchten Sattel zu kaufen als einen minderwertigen neuen.

Es gibt viele Möglichkeiten, einen guten gebrauchten Sattel zu finden.

- Beim Kauf des Pferdes kann man manchmal auch den Sattel kaufen.
- Ein Sattler hat auch gebrauchte Sättel vorrätig.
- in einem Reitsportgeschäft vor Ort
- in Anzeigen in Tageszeitungen und Fachzeitschriften
- im Versandhandel
- bei einem Händler, der spezielle Sättel anbietet

Ein weiterer, wichtiger Grundsatz sollte dabei auf jeden Fall befolgt werden: den Sattel immer am Pferd anprobieren. Das heißt: Der Sattler, Händler oder Verkäufer bringt einen oder am besten mehrere Sättel zum Anpassen und Probereiten mit.

Auch wenn ein Reiter den Sattel mit dem Pferd kauft, muss er ihn genau kontrollieren.

Wer sich Sättel zuschicken lässt, sollte sich von einem fachkundigen Reiter beraten lassen, wenn er unsicher ist.

Da ein Sattel immer eine teure Anschaffung ist, muss jeder Pferdebesitzer den Sattel für sein Pferd sorgfältig aussuchen. Passt nämlich der Sattel nicht, dann muss er wieder verkauft werden.

Beim Kauf eines gebrauchten Sattels muss der Käufer einige Dinge besonders beachten:

- Der Sattel soll leicht federn, aber nicht nachgeben, sonst ist er beschädigt. Dazu dreht man den Sattel um und prüft mit den Händen die Stabilität des Sattelbaumes.
- Das Leder des Sattels muss je nach Qualität dick und geschmeidig sein. Stumpfes oder gar brüchiges und ausgetrocknetes Leder ist ein deutliches Zeichen für mangelhafte Pflege oder auch schlechte Qualität.
- Die Nähte dürfen nicht aufgehen.
- Bei Vielseitigkeitssätteln muss man die Strupfen überprüfen. Sind die Löcher zum Verschnallen ausgerissen? Ist die Unterpolsterung gleichmäßig und fest? Eventuell muss der Sattler den Sattel aufpolstern. Auch das Schloss, in dem der Steigbügelriemen eingehängt ist, muss gängig sein, damit es bei einem Sturz die Steigbügelriemen freigibt. Sonst besteht die Gefahr, dass der Reiter im Steigbügel hängen bleibt.
- Die Steigbügelriemen und der Bauchgurt sollten beim leisesten Zweifel an ihrer Haltbarkeit neu gekauft werden!
- Bei Westernsätteln muss man darauf achten, ob der Sattel ein Markenfabrikat ist oder Billigware. Man sollte auch unbedingt die Lederqualität überprü-

fen. Eingestanzte Muster können minderwertiges Leder verschönern.

- Bei einem guten Sattel ist das Fell unter dem Sattel vernäht, bei einem schlechten Sattel nur festgeklammert.
- Mit der Hand kann man über die Unterseite des Sattels streichen und so spüren, ob dort Unebenheiten sind, die auf den Pferderücken drücken können. Der Sattel darf auch nicht zu lang sein, damit die Nierenpartie frei bleibt.
- Bevor sich der Käufer dann für einen Sattel entscheidet, kann er so mehrere vergleichen und Erkundigungen einziehen, wie die betreffenden Sättel gehandelt werden.

 # Die Zäumungen

Der Umgang mit Zäumungen

Zusammen mit anderen Reitern kann jeder die drei folgenden Übungen machen, um selbst ein Gespür dafür zu bekommen, welche Kraft und Wirkung ein Gebiss und eine Zäumung auf das Pferdemaul tatsächlich ausüben.

Übung 1

Dazu sind drei Personen nötig, die sich jeweils in den Positionen nacheinander abwechseln können.

Ein Helfer hält das Kopfstück der Zäumung und steht seitlich davon. Der zweite steht frontal zur Zäumung und hakt die kleinen Finger jeweils um einen Trensenring. Die dritte Person steht parallel dazu einige Schritte hinter dem Halfter und hält die Zügel in der Hand. Mit den kleinen Fingern ahmen wir jetzt die Bewegung des Pferdekopfes in Verbindung zu unserer Hand nach.

Der Grundsatz dabei ist: Eine ruhige Hand zu haben bedeutet, dass sie sanft mit der Bewegung mitgeht und nicht feststeht! Das wird nun mit leichtem Ziehen und Nachgeben an den Zügeln geübt. Dabei merkt man auch, dass heftiges Ziehen oder Zerren an den kleinen Fingern wehtut und verspannt. Ein kräftiges Reißen erzeugt Schmerzen und kann einen sogar aus dem Gleichgewicht bringen.

Es wird klar, dass ein sanftes behutsames Zupfen und ein ebensolches Mitgehen der Zügelhand das Pferdemaul schonen und trotzdem die nötigen Signale verständlich machen.

Übung 2

Das ist eine ganz einfache Übung: Die Zeigefinger werden in die eigenen Mundwinkel eingehakt und erst leicht und dann auch einmal heftig nach hinten gezogen.

Das kann ganz schön schmerzen, besonders wenn man nicht locker lässt! Die Halsmuskeln verspannen sich, und man möchte den Druck um jeden Preis loswerden.

Dann versteht man auch, warum ein losstürmendes Pferd noch schneller läuft, wenn der Reiter am Zügel zieht. Das Pferd will einfach vor seinen Schmerzen davonlaufen.

Übung 3

Das ist eine ähnliche Übung wie die vorhergehende. Man braucht dazu einen Partner.

Einer fasst den anderen mit einer Hand im Genick, kurz unterhalb der Ohren, im Bereich der empfindlichen Halssehnen. Drückt er fest zu, dann tut es weh, und man versucht sich zu entwinden. So merkt man schnell, wie wenig Druck nötig ist, damit der andere reagiert.

Dabei wird klar, wie schnell leichter Druck in Schmerz übergehen kann, wenn der Reiter ohne Gefühl handelt. Das Gleiche gilt bei der Zügelführung am Pferd. Nur ein ganz leichter Druck soll dem Pferd ein Signal geben. Übermäßige Krafteinwirkung erzeugt Schmerz, und das Pferd denkt nicht mehr an das erlernte Signal. Es wird sich nur noch gegen den Reiter wehren.

Diese Übungen zeigen drei Dinge:

- Man erfährt am eigenen Körper, wie eine Zäumung mit Gebiss auf das Pferdemaul einwirkt. So kann man nachempfinden, weshalb sich ein Pferd gegen scharfe Zügelhilfen wehrt.
- Man merkt, dass ein leichter kurzer Druck, ein sanftes Zupfen am Zügel als Signal ausreicht, um dem Pferd zu zeigen, was sein Reiter will.
- Es wird klar, dass ein Reiter mit Zügelhilfen so sparsam wie möglich umgehen und sogar versuchen sollte, sie durch andere Einwirkungen, zum Beispiel durch die Stimme, zu ersetzen.

Einige werden jetzt sagen: „Es ist doch alles ganz einfach. Lassen wir doch das Metall im Maul des Pferdes weg und reiten mit gebissloser Zäumung!"

Eine gebisslose Zäumung ist aber meistens keine Dauerlösung für das Geländereiten. Sie kann nach einer Ausbildung mit der Wassertrense zeitweise eingesetzt werden, zum Beispiel auf dem Reitplatz. Nur wenige Reiter haben mit ihrem Pferd einen so hohen Ausbildungsstand, dass sie mit einer gebisslosen Zäumung auch beim Geländereiten in jeder Lage zurechtkommen.

Viele Leute werfen mit allen möglichen Namen um sich oder schwören auf eine bestimmte Zäumung. Der Anfänger blickt gar nicht mehr durch.

Für die Auswahl der Zäumung gibt es Grundregeln:

- Eine alte Reiterregel sagt: Das Gebiss ist immer so scharf wie die Hand des Reiters! Auch dicke und sanfte Gebisse können bei rücksichtslosen und schlecht ausgebildeten Reitern katastrophale Wirkungen haben.
- Pferde können durchaus eine Vorliebe für ein bestimmtes Gebiss haben.
- Die einfache Wassertrense, am besten doppelt gebrochen, ist für die Grundausbildung des Pferdes und auch für das Geländereiten eine gute Wahl.

Von diesen Grundüberlegungen ausgehend, kann man eigentlich nicht viel falsch machen.

Es gibt nur zwei Grundtypen von Gebissen: die Trense und die Stange. Alle Gebisse sind Kombinationen aus beiden oder bestimmte Arten davon. Oft dienen sie eher dem Verkauf als einer sinnvollen Nutzung. Ein Gebisshersteller sagte einmal: Von zwanzig Gebissen, die ich anfertige, sind neunzehn für den Kopf des Reiters und nur eines für den Kopf des Pferdes!

Die gebisslose Zäumung

Am bekanntesten ist dabei die klassische Hackamore (auf keinen Fall mit der mechanischen „Hackamore" zu verwechseln!), Bosal. Das Bosal besteht aus einem fein geflochtenen Ring aus Rohhaut, der um die Nase des Pferdes liegt und auf den Nasenrücken einwirkt. Die Zügel, die Mecate, sind aus geflochtenem Pferdehaar und ungefähr sieben Meter lang. Der hinter der Reiterhand überhängende Rest hängt aufgerollt seitlich am Sattel.

Die Handhabung des Bosals erfordert viel Gefühl und Können. Fachleute raten von dieser Zäumung im Gelände ab, weil der Reiter in brenzligen Situationen kaum Gewalt über sein Pferd hat.

Damit das Pferd trotzdem Respekt vor dieser Zäumung bekommt, wird in Amerika das Doubling durchgeführt. Dazu wird das Pferd mit einem Bosal aufgezäumt, an das ein langer starker Strick gebunden wird.

Das Ende des Seils wird um einen Pfosten oder Baumstamm geschlungen und das Pferd in den Galopp gescheucht. Hört jetzt das Pferd nicht auf das Stopp-Kommando und hält nicht rechtzeitig an, so rast es so lange um den Pfahl, bis das Seil zu Ende ist. Mit einem gewaltigen Ruck fällt es meist auf die Erde und überschlägt sich. Dieser Schock soll das Pferd dazu bringen, in Zukunft auf jedes Signal mit dem Bosal richtig zu reagieren.

Diese Methode aus dem „Wilden Westen" ist bestimmt nicht jedermanns Sache.

Wird trotzdem das Bosal für das Geländereiten bevorzugt, sollte auf jeden Fall eine Grundausbildung in der Pferdegymnastik vorangegangen sein. Einen Nachteil hat das echte Bosal: Es ist eine sehr teure Zäumung.

Ähnliche gebisslose Zäumungen sind: Vosal, Sidepull und auch der Kappzaum.

Eine schärfere Zäumung ist die mechanische Hackamore. Hier besteht der Nasenring meist aus einer ummantelten Kette oder einem Stahlseil. Seitlich angebrachte Hebel drücken beim Anziehen das Pferdemaul zusammen. Auch eine Kinnkette trägt dazu bei.

Diese Zäumung, oft als Notbremse bezeichnet, kann bei nicht sachgerechter Anwendung Verletzungen am Pferdekopf hervorrufen.

Die Trense

Trensengebisse gibt es aus verschiedenen Materialien.

Allgemein gebräuchlich ist die gebrochene Trense aus Edelstahl. Gebrochen heißt, dass zwei Mundstückteile durch ein Gelenk miteinander verbunden sind. Wenn der Reiter die Zügel annimmt, rutscht das Gebiss in die

Maulwinkel und zieht die Lippen hoch. Gleichzeitig knicken die beiden Teile im Maul des Pferdes im Gelenk nach oben ab und erzeugen Druck auf den Bereich der Laden. Zieht der Reiter zu fest, kann auch der Gaumen schmerzhaft berührt werden.

Das verhindert die doppelt gebrochene Trense, die in der Mitte noch ein kleineres Teil zwischen den beiden Mundstücken hat. Für Reitanfänger ist dieses Gebiss besonders geeignet. Es wird auch als Ausbildungsgebiss bezeichnet.

In Kalifornien ist das Snaffle Bit das übliche Gebiss. Das ist eine einfach gebrochene Trense aus unlegiertem Stahl, dem „Sweet Iron". Dieses Gebiss heißt so, weil das Material leicht rostet und die Pferde deshalb gern daran lecken.

Das Mundstück ist ziemlich dünn. Deshalb könnte es als scharfes Gebiss bezeichnet werden. Da ein Pferd so wenig Metall wie möglich im Maul haben sollte, können Reiter mit weicher Hand gerade mit einem solchen Gebiss leichteste Signale geben. Die Trensenringe sind sehr groß, sodass sie nicht seitlich durch das Maul rutschen. Auch dieses Gebiss eignet sich gerade sehr gut für die Grundausbildung des Pferdes.

Die Westernkandare

Erst wenn der gesamte Ausbildungsstand des Pferdes so weit fortgeschritten ist, dass es sich durch vorsichtige und behutsame Zügelbewegungen ohne zu zögern nach der Seite biegt, ist es dem Reiter erlaubt, mit einer Kandare zu reiten.

Die Westernkandare heißt auch Half Breed oder Roller Bit.

Sie besteht aus einer Kandarenstange mit einer Wölbung in der Mitte, in die eine Kupferrolle eingebaut ist. Diese dient als Spielzeug für die Zunge, beruhigt und regt den Speichelfluss an. Die beiden seitlichen Kandarenschenkel sind beweglich und ermöglichen sogar einseitige Einwirkungen.

Wie auch eine Zäumung mit der Dressurkandare kann diese Zäumung mit vier Zügeln geritten werden. Das zweite Zügelpaar wird in Schlitzen befestigt, die rechts und links von der Gebissstange liegen.

Die dazugehörende Kinnkette darf jedoch nicht in diese Schlitze eingehakt werden. Sie kommt in die oberen Ösen, in denen auch das Kopfstück verschnallt ist. Die Kette muss frei hängen, sodass zwei Finger zwischen Pferdekinn und Kette Platz haben.

Viele Leute meinen, dass eine Kandare mit langen Schenkeln ein Marterinstrument für das Pferdemaul ist. Aber wenn der Reiter richtig damit umgehen kann, ist die Kandare ein ganz sanftes Gebiss.

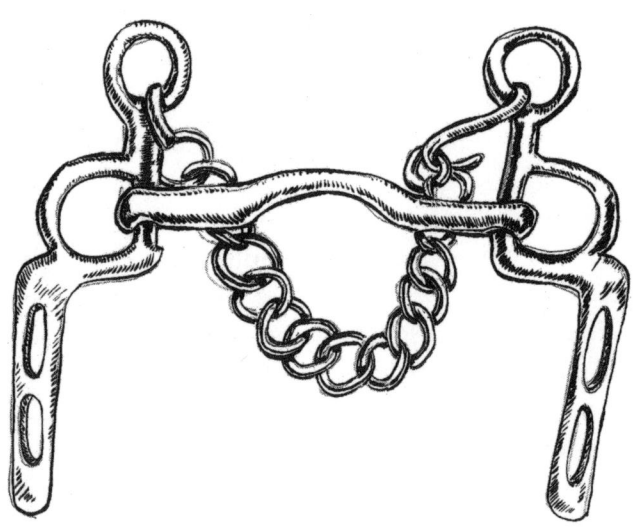

Die langen Schenkel der Kandare haben einen langen Weg, ehe sie ihre volle Wirkung entfalten. Dieser Spielraum muss ausreichen, um feine und sanfte Signale von der Reiterhand an das Pferdemaul zu senden.

Dieses Gebiss eignet sich für das Pferd eines fortgeschrittenen Freizeitreiters, der die altklassischen Lektionen der Pferdegymnastik üben möchte.

Kleines Western-ABC

Barrel Race

„Barrel Race" heißt übersetzt „Tonnenrennen". Hierbei müssen drei Tonnen so schnell wie möglich umrundet werden.

Basket Stamp

Korbflechtmuster, das reliefartig auf das Sattelleder gestanzt wird. „Flower Stamp" sind Blumenmuster.

Bosal

Bosal ist eine Zäumung ohne Gebiss, die auf die Nase des Pferdes wirkt. Das runde Nasenband ist aus Rohhaut. Diese Zäumung wird auch Hackamore genannt, darf aber nicht mit dem mechanischen Hackamore verwechselt werden.

Chaps

Das sind Beinleder, die von den Cowboys über die Jeans gezogen werden. Sie schützen beim Reiten vor Regen, Staub und stachligen Ästen. „Chinks" sind kurze Chaps, die gerade bis unter die Knie reichen.

Cutting

Diese Aufgabe betrifft die Arbeit mit Rindern. Auf dem Platz befindet sich eine kleine Herde. Der Reiter muss nun vorsichtig ein Tier aus der Gruppe heraustreiben, ohne dass der Rest in Aufregung oder Panik gerät. Die Pferde brauchen dafür eine spezielle Ausbildung und müssen den „Cow Sense" haben, die angeborene Fähigkeit, mit Rindern umzugehen. Quarter Horses und Paints sind besonders geeignet, da sie über viele Generationen dafür gezüchtet wurden.

Es gibt noch weitere Disziplinen wie „Working Cowhorse" und „Team Penning", die ähnliche Aufgaben vorgeben.

Fender

Fender sind Lederstücke am Sattel, die die Steigbügelriemen verdecken.

Jog

So nennt man einen zurückgenommenen langsamen Trab, der gut zu sitzen ist.

Kandare

Die Westernkandare wird auch Half Breed oder Roller Bit genannt. Sie wird in der Westernausbildung nach dem Snaffle Bit benutzt. Diese Zäumung hat als Gebiss eine Stange mit seitlich beweglichen Schenkeln. Ein Zupfen am Zügel lässt das Pferd sofort reagieren, ohne dass sich die Kandarenstange im Pferdemaul verdrehen kann. In der Mitte der Stange befindet sich ein Kupferröllchen, mit dem die Pferdezunge spielen kann und das die Speichelbildung anregt.

Zur Kandare gehört auch eine Kinnkette.

Lead-Line-Class

Kinder im Alter von sechs Jahren und jünger dürfen bei diesem Turnier mitmachen. Das Pferd wird von einem Erwachsenen (über 18 Jahre) geführt. Die Richter beurteilen den Sitz des Reiters. Zum Schluss soll der Reiter das Pferd ohne Hilfe des Erwachsenen rückwärts richten.

Mecate

Das ist das spanische Wort für „hair rope", einen aus Pferdehaar gedrehten Strick, der als Longe oder Zügel für das Bosal benutzt wird.

NeckReining

Dabei wird das Pferd durch seitliches Anlegen des Zügels am Hals dirigiert.

Pole Bending

Auf dem Platz bilden sechs Stangen im Abstand von je 6,30 m eine gerade Linie. Der Reiter muss im Slalom so schnell wie möglich hin und zurück.

Reining

Das ist die Dressur bei den Westerndisziplinen. Die Aufgaben, auch „Pattern" genannt, sollen genau, geschmeidig und flüssig geritten werden.

Rollback

Das ist eine Übung aus dem Western Reining. Das Pferd wird gestoppt und aus dem Stand um 180 Grad gewendet. Dann folgt ein Angaloppieren.

Rope

Das heißt übersetzt Lasso.

Showmanship am Halter

Hier führen Jugendliche ihr Pferd am Halter mit Führleine vor. Bewertet wird in dieser Disziplin allerdings der Vorsteller und nicht das Pferd. Er soll zeigen, dass er sein Pferd korrekt präsentieren kann. Zum Beispiel soll es so zum Stehen gebracht werden, dass es die Füße paarweise genau nebeneinander stellt. Einige Meter gerade rückwärts gehen, anhalten und antraben sind weitere Aufgaben.

Snaffle

Das Snaffle Bit kalifornischer Art ist eine Wassertrense aus „Sweet Iron" (süßes Eisen). Es wird so bezeichnet, weil dieser Stahl rostet und die Pferde gern daran lecken. Die Teile des Mundstücks sind sehr beweglich. Die Gebissringe sind ziemlich groß als Schutz vor dem seitlichen Durchziehen des Gebisses.

Spin

Das ist ebenfalls eine Übung aus dem Western Reining. Es sind schnelle Drehungen um die eigene Achse des Pferdes, wobei immer ein Hinterfuß, und zwar der innere, auf der Stelle dreht.

Stop

Spektakulär ist der Sliding Stop: Aus vollem Galopp bremst das Pferd, sodass die Hinterhufe meterlang über den Boden rutschen.

Tapaderos

Das sind lederumhüllte Steigbügel, die Stiefel und Fuß des Reiters zum Beispiel vor Dornengestrüpp schützen sollen.

Trail

Der Trail ist eine der interessantesten Westernübungen. Er besteht aus einem Hindernis- und Aufgabenparcours, ähnlich den Geräten auf unserer „Spielwiese". Hier werden alle Aufgaben geritten. Die Palette reicht vom Öffnen eines Tores vom Pferd aus über Brücke, Wippe, Slalom durch Tonnen oder Stangen und das „L" bis zum Aufnehmen und Transportieren eines Gegenstandes. Für Fehler gibt es eine bestimmte Anzahl von Minuspunkten. Die Gangarten zwischen den Hindernissen sind vorgeschrieben.

Walk-Trott-Class

Diese Klasse ist für Kinder bis neun Jahre offen, die schon reiten können. Die Aufgaben sind die gleichen wie beim „Western Horsemanship".

Western Horsemanship

Das ist die Reiterprüfung, bei der Sitz, Hilfengebung und Gangarten bewertet werden.

Western Pleasure

Diese Prüfung wird in der Gruppe geritten, und es werden dabei die Gangarten des Pferdes beurteilt.

Western Riding

Dabei handelt es sich um eine Mischung aus Trail und Reining. Zu den Aufgaben gehört das Öffnen und Schließen eines Tores, das Reiten in Schlangenlinien mit fliegenden Galoppwechseln, das Übergaloppieren einer Stange und das Stoppen mit Rückwärtsrichten des Pferdes.

Wrangler

Die Cowboys teilten sich die Aufgaben untereinander auf. Der „Wrangler" war derjenige, der die Pferde morgens von der Weide holte und sie mit Futter und Wasser versorgte. Diese Tätigkeit war allerdings unter den Cowboys nicht besonders beliebt.

 # Die Ausbildung des Pferdes

Pferdefreunde und freundliche Pferde

Je weniger ein Pferd seine Umgebung kennt, umso eher bekommt es vor einem Gegenstand oder einem Geräusch Angst. Wenn wir Pferde verstehen, wissen wir, warum sie in bestimmten Situationen leicht erschrecken. Auch wir müssen uns so verhalten, dass das Pferd uns versteht und nicht verunsichert ist.

Pferdeliebe und -verständnis gehen also über das Füttern und Streicheln hinaus. Probleme entstehen meistens durch Missverständnisse zwischen Mensch und Pferd. Deshalb muss der Mensch darauf achten, dass das Pferd seine Signale und Hinweise richtig versteht.

Verständigung heißt daher nicht Befehlen und Gehorchen. Es ist eher ein Fragen und Antworten. Die Verständigung mit Pferden funktioniert, wenn wir sie auffordern, bestimmte Dinge zu tun, und sie ihre Aufgabe dann freiwillig ausführen. Ein freundlicher Umgangston, Verständnis für das Verhalten des Pferdes und eine geduldige Ausbildung führen fast immer zu einem guten Verhältnis des Reiters zu seinem Pferd.

Viele Pferde widersetzen sich den Menschen, weil ihre Pfleger und Reiter sie aus Unachtsamkeit und

Nichtwissen nachlässig oder lieblos behandeln. Oft ärgert sich ein Pferd auch, wenn der Reiter es einfach von der Weide holt, obwohl es gerade mit den anderen Pferden entspannt im Schatten steht und Siesta macht.

Manche wundern sich auch darüber, dass ihr Pferd am Kopf immer empfindlicher wird. Dabei zwängen sie ihm rücksichtslos Halfter oder Zaumzeug über und klemmen dabei die Ohren und die Schopfhaare ein. Oder beim Abnehmen der Trense schlägt das Gebiss gegen die Vorderzähne.

Alle möglichen Kleinigkeiten und für uns kaum wahrnehmbare Verhaltensweisen bestimmen das Verhältnis zwischen Mensch und Pferd. Wenn sich das Pferd wehrt, darf der Reiter diesen Ungehorsam nicht gleich bestrafen, sondern muss zuerst die Ursachen erforschen. Sonst wird das Pferd sich weiterhin widersetzen, und es hat bald kein Vertrauen mehr zu seinem Reiter.

Es ist immer der bessere Weg, durch Rücksichtnahme, Verständigung und behutsames Training die freiwillige Mitarbeit des Pferdes zu erreichen. Das ist garantiert die allerbeste Grundlage für ein Reiten ohne Kampf und Krampf!

Das Pferd wehrt sich ...

„Mein Pferd ist widerspenstig!", schimpfen viele Reiter, weil sich ihr Pferd gegen alltägliche Dinge wehrt.

Man kann ohne Übertreibung sagen, dass diese Menschen fast immer Unrecht haben. Meistens haben sie selbst die Fehler gemacht. Für den Widerstand des Pferdes gibt es fast immer triftige Gründe, und die gilt es zu erkennen und abzustellen.

Manche Pferde lassen sich auf der Weide nicht einfangen, wollen beim Reiten nicht vorwärts gehen, arbeiten gegen das Gebiss oder wehren sich gegen irgendetwas anderes, was man gerne mit ihnen machen möchte. Das liegt immer daran, dass diese Pferde falsch behandelt werden.

Die folgende Aufstellung kann helfen, die Fehler herauszufinden:

- Das Pferd versteht uns nicht! Wir können ihm nicht verständlich machen, was wir wirklich wollen.
- Wir fordern zu viel von unserem Pferd. Vielleicht ist es noch zu jung, es wird überfordert.
- Genau das Gegenteil ist der Fall: Das Pferd langweilt sich, weil der Reiter zu wenig von ihm ver-

langt. Es hat weder Spaß noch Lust zur Zusammenarbeit.

- Das Pferd ist beim Reiten unaufmerksam. Es ist in Wirklichkeit mit seinen Gedanken ganz woanders.
- Das Pferd ist aus irgendwelchen Gründen verspannt. Es ist nicht locker und wehrt sich gegen die Hilfen.
- Das Pferd ist nicht genügend ausgelastet. Es hat zu viel Energie. Die wendet sich beim Reiten oder einer anderen Ausbildung gegen den Menschen.
- Das Pferd ist ängstlich. Dafür kann es mehrere Gründe geben: mangelnde Gewöhnung an eine neue Umgebung, schlechte Erfahrungen, die es in ähnlichen Situationen machte, oder das Vertrauen zwischen Mensch und Pferd ist noch nicht genügend entwickelt.
- Das Pferd ist nicht fit. Es ist untrainiert, hat steife Gelenke und fühlt sich nicht wohl.
- Es klebt an einem anderen Pferd aus der Gruppe, das auf der Weide geblieben ist. Dahin möchte es möglichst schnell zurück.
- Das Pferd ist in seinem Lebens- und Tagesrhythmus gestört. Es soll direkt nach dem Fressen geritten werden.

- Das Pferd ist launisch, störrisch und unausgeglichen. Es ist unzufrieden und unglücklich.
- Der Reiter reißt häufig ruckartig am Zügel oder gibt verwirrende und unterschiedliche Hilfen.
- Das Gebiss ist zu scharf für die Hand des Reiters.
- Das Pferd hat Rückenprobleme, weil der Reiter nicht richtig sitzt oder der Sattel nicht passt.

Fast alle Probleme sind mit etwas Mühe bald gelöst. Gute Haltungsbedingungen, Pferdegesellschaft, eine abwechslungsreiche Ausbildung, sinnvolles Training und Verständnis fördern das Vertrauen zum Menschen und ändern das Verhalten des Pferdes.

Strafe muss sein?

Situationen, in denen das Pferd ungehorsam ist, schafft der Mensch meistens selbst. Er lässt manchmal Dinge zu, die dem Pferd ein andermal verboten werden. So etwas belastet das Verhältnis zwischen Pferd und Reiter, weil diese Art der Strafe für das Pferd unverständlich ist.

Mit Lob erreicht ein Reiter viel mehr als mit Strafe. Damit ermutigen und belohnen wir ein Pferd. Es empfindet die Situation als angenehm und wird sie gern wiederholen. Die meisten Reiter neigen allerdings dazu, unerwünschtes Verhalten sofort zu bestrafen. Das erzeugt beim Pferd nur Furcht. Es gehorcht aus Angst. Denn so ein Verhalten verunsichert die Pferde.

Eine gefährliche Sache ist, wenn die Belohnung zur Bestechung gerät. Das heißt, jeder Gehorsam wird mit Leckerbissen bezahlt. So etwas kann einreißen. Schließlich können nur noch größere Mengen Futter das Pferd dazu bringen, irgendetwas zu machen.

Die beste Art, Pferde zu belohnen, ist die Art, wie auch befreundete Pferde miteinander umgehen: entspannt beieinander stehen, das Pferd in der Mähne oder am Widerrist kraulen und in sanftem Tonfall mit ihm reden.

Wenn man auch sein Pferd nicht immer gleich strafen will, gibt es hin und wieder Auseinandersetzungen, die man nicht dulden darf. Dann muss der Reiter sein Pferd aber sofort bestrafen, damit es die Zusammenhänge versteht. Strafen sollten allerdings wirklich die absolute Ausnahme sein.

Ansonsten kann man mit sanfteren Methoden den Pferden zeigen, dass ein bestimmtes Verhalten nicht erwünscht ist.

Eine große Rolle spielt dabei die Stimme, wenn Pferd und Reiter sich gut kennen. Schon einige tadelnde Worte versteht ein aufmerksames Pferd in der richtigen

Weise. Eine schärfere und energische Tonart ist die Steigerung davon.

Ein leichter Stups mit der langen Gerte vor die Brust oder das Rückwärtsrichten wirken auch.

Meist reichen diese sanften Strafen auch völlig aus. Besonders dann, wenn sich Mensch und Pferd gut verstehen.

Im Umgang mit Pferden muss ein Reiter immer viel Verständnis aufbringen. Schon der griechische Schriftsteller Xenophon, der 430 bis 355 v. Chr. lebte und die erste Reitlehre schrieb, erkannte diesen Grundsatz.

Er sagte: „Die Größe eines Menschen zeigt sich am ehesten in der gütigen Behandlung dieser Tiere."

Reiter auf dem Boden

Eine einfache Übung hilft, einen kleinen Eindruck zu bekommen, was Reiten für ein Pferd bedeutet.

Dabei wird draußen im Gelände eine leichte Person Huckepack auf den Rücken genommen und über unebenen Boden getragen. Es ist gar nicht so einfach, das Gleichgewicht zu halten!

So ungefähr geht es auch den Pferden. Mit dem Gewicht eines Menschen auf dem Rücken müssen sie in jeder Gangart die Balance halten. In der freien Natur bewegen sich die Pferde hauptsächlich im Schritt und Trab. Galopp ist eher die Ausnahme. Beim Reiten jedoch sind die schnellen Gangarten eher gefragt. Sehnen, Bänder, Muskeln und Gelenke müssen deshalb darauf vorbereitet werden.

Neben den körperlichen Anforderungen ist ein Pferd beim Reiten im Gelände auch Umwelteindrücken ausgesetzt, die es alleine meiden oder denen es sich durch Flucht entziehen würde. Zum Beispiel rattert auf einem Feldweg ein Schlepper oder Mähdrescher heran. Eine Silageplane flattert im Wind, der Weg führt über eine hohl klingende Holzbrücke. Ein Hase springt auf. Ein scheuendes oder sogar durchgehendes Pferd schafft gefährliche Situationen. Hat es aber Vertrauen zu seinem Reiter, bewältigen sie alle diese Zwischenfälle gemeinsam.

Ein gutes Vorbereitungstraining für das Geländereiten ist die Bodenarbeit. Sie heißt so, weil Mensch und Pferd gemeinsam zu Fuß verschiedene Übungen durchführen. Bei dieser Arbeit sollen folgende Ziele erreicht werden:

- Der Körper und die Sinne passen sich den Anforderungen des Geländereitens an.

- Der Reiter und sein Pferd bekommen Vertrauen zueinander.
- Durch Abwechslung und spielerische Übungen weckt der Reiter bei seinem Pferd die Freude am Lernen.

Der Erfolg dieser Arbeit wird durch die Art und Weise bestimmt, wie der Reiter mit dem Pferd umgeht. Pferde lernen ohne Zwang und Druck am besten. Sie werden für alles, was sie richtig machen gelobt, die Fehler werden erstmal übersehen. Am besten hilft der Reiter dem Pferd und macht es ihm leicht, das Richtige zu tun. Dazu gehört oft etwas Überlegung.

Am Anfang des Kennenlernens steht immer die Beobachtung. Wenn man sich mal eine Stunde einfach auf die Weide setzt und den Pferden zuschaut, kann man viel über ihren Charakter, ihr Verhalten und ihr Temperament lernen.

Auch das Spazierengehen mit dem Pferd ergibt eine Vertrautheit, die für die kommende Arbeit miteinander sehr wichtig ist.

Bevor mit der richtigen Bodenarbeit in der Reitbahn begonnen wird, sollte jedes Pferd, unabhängig davon ob es noch jung oder schon älter ist, einige Grundregeln beherrschen.

Die Grundschule der Pferde

Diese Übungen sind Voraussetzungen für jedes weitere Training. Es sind einfache Gehorsamsübungen und die Gewöhnung an die lange Gerte als verlängerten Arm des Menschen.

Zunächst geht es um das Stillstehen. Das mögen Pferde eigentlich gar nicht so gern. Aber oft genug kommen sie nicht darum herum: beim Putzen, beim Satteln, Auftrensen und Aufsteigen. Oder wenn der Tierarzt kommt und Spritzen gibt. Beim Hufeauskratzen nach dem Reiten und beim Ausschneiden durch den Hufschmied. Nichts ist nervender als ein unerzogenes und zappeliges Pferd.

Das Anlegen des Halfters sollte für das Pferd schon das Signal sein, dass ab jetzt Gehorsam erwartet wird. Es ist gut, wenn ein anderes Pferd, das bereits gelernt hat stillzustehen, dabei ist und ruhig danebensteht. Das beruhigt und steckt an.

Je nach Temperament und Lernwilligkeit wird die Anbindezeit langsam gesteigert. Scharren, Herumspringen oder Reißen am Strick wird mit der Stimme getadelt, Stillstehen wird gelobt.

Zwei Dinge dürfen nie passieren:

- Nie darf man ein Pferd an der Trense und dem Mundstück irgendwo anbinden.
- Nie darf man ein Pferd anbinden und die restlichen Pferde frei um es herumlaufen lassen.

Als Hilfsmittel bei der Ausbildung wird eine etwa 1,20 m lange Gerte benützt. Sie verlängert den Arm, und man gibt dem Pferd Signale, indem es damit angetippt oder gestreichelt wird.

Die Gerte ist auf keinen Fall eine Schlagwaffe zum Bestrafen des Pferdes. Um den Pferden den Gebrauch verständlich zu machen, zeigt der Reiter ihnen die Gerte, lässt sie daran schnuppern und streichelt damit über ihren Körper. Dabei sollte sich jeder Reiter angewöhnen, beruhigend und besänftigend zu sprechen. Das lässt eine entspannte Atmosphäre aufkommen.

Das Antippen durch die Gerte verstärkt Aufforderungen. Sie kann auch als Abstandhalter beim Führen benutzt werden oder, quer Pferd gehalten, als Grenze.

Das Führen übt man so, dass Pferd und Mensch locker und entspannt nebeneinanderher gehen. Man sollte sich am besten in Höhe des Kopfes aufhalten, weil man so mit dem Körper leicht die Richtung angeben und verändern kann. Der Strick hängt ein wenig durch, und das Pferd drängelt nicht oder tritt dem Reiter auf die Füße. Zum Üben kann man die Gerte einsetzen.

Auch das Anhalten auf Kommando muss geübt werden. Gerade diese einfachen Sachen müssen hundertprozentig klappen, denn jede Nachlässigkeit schafft bei weitergehenden Übungen unnötige Probleme.

Bei allen Kommandos sollte der Reiter freundlich, aber bestimmt auftreten. Auch das Rückwärtsgehen ist für ein Pferd nicht selbstverständlich. In der Gruppe tut es das nur, wenn es einem anderen Pferd beim Streit unterlegen ist. Dieses Zurückweichen kann angewendet werden, wenn ein Pferd zurechtgewiesen werden soll.

Andererseits ist das Rückwärtsgehen eine gute Übung, bei der das Pferd aufmerksam und vertrauensvoll ist und gelenkig wird. Das Pferd erkennt an Verhalten und Worten des Menschen, ob es sich um eine Bestrafung oder um ein Training handelt.

Der Reiter stellt sich vor das Pferd, drückt mit dem Zeigefinger und dem Daumen auf den Schulterknochen des Tieres und gibt gleichzeitig das Kommando „Zurück!". Mit leichtem Schieben hilft er etwas nach und lobt jede Bewegung nach hinten. Der Halfterstrick darf etwas länger durchhängen, da das Pferd beim Rückwärtsgehen den Kopf höher hält.

Mit diesen paar Übungen hat man die Grundlagen für ein Training der Bodenarbeit auf dem Abenteuerspielplatz.

Diese Bodenarbeit ist eine gute Vorbereitung für das Freizeitreiten im Gelände. Man erreicht damit folgende Vorteile:

- Der Reiter muss beim Reiten so wenig Hilfsmittel wie nötig einsetzen.
- Der Reiter und sein Pferd können sich in jeder Situation eindeutig verständigen.
- Das Reiten ist keine Kraftanstrengung und kein Machtkampf, der Reiter und sein Pferd sind entspannt und gelassen.
- Das Pferd ist zufrieden, schlägt nicht mit dem Schweif, reißt nicht den Kopf hoch oder öffnet das Maul, um gegen das Gebiss anzulaufen.

Ein Abenteuerspielplatz für Pferde

Für den Abenteuerspielplatz kann man sich auf einem Stück Wiese ein Viereck abstecken oder auch den Auslauf benutzen.

Mit ein paar Stangen und Tonnen, einer größeren Plastikplane und etwas Bastelarbeit hat man die Übungsgeräte schon zusammen. Je nach Platz, Zeit und handwerklichem Geschick kann dieser Spielplatz noch erweitert werden.

Es ist ein Spielplatz, weil das Training locker und spielerisch sein soll. Und es ist ein Abenteuer, weil Unbekanntes auf die Pferde zukommt. Die Mischung von Aufmerksamkeit, gymnastischen Übungen und Entspannung ist der Sinn der Arbeit auf so einem Spielplatz.

Die Trainingsziele sind:

- die körperliche Geschmeidigkeit und Biegung des Pferdekörpers zu verbessern oder zu erhalten
- eine gute Verständigung zwischen Mensch und Pferd zu erreichen
- ein möglichst gutes Vertrauensverhältnis entstehen zu lassen

Dabei sind einige Grundsätze wichtig:

- Die Pferde müssen an den spielerischen Übungen Interesse zeigen.
- Der Mensch bestimmt zwar, was gemacht wird, zeigt sich aber als Partner: Teamarbeit ist gefragt!
- Der Mensch muss mit ebenso viel Freude bei der Sache sein: Mit der richtigen Körpersprache, viel Reden, Aufmuntern und Geduld stellt sich der Erfolg ein; Zwang und Strafen verderben alles.
- Es ist wichtig, langsam und in kleinen Schritten zu üben. So verliert das Pferd nicht die Lust und wird nicht überfordert!
- Abwechslung macht Pferde neugierig. Je nach Temperament des Pferdes können einzelne Übungen auch verändert werden.
- Schwierige und leichte Übungen sollen einander ablösen. Das schafft nach einer Anstrengung wieder Entspannung.
- Bei allen Übungen führt der Reiter das Pferd zuerst an der Hand. Später können alle Übungen auch im Sattel bewältigt werden.
- Zuerst führt man das Pferd in Ruhe an alle Geräte heran und lässt ihm Zeit, damit es alle Gegenstände anschauen und darüber nachdenken kann.

- Förster verkaufen oft sehr günstig ungefähr 2 m lange Fichtenstangen. Mit diesen Hölzern kann man schon eine Menge Übungen zusammenstellen. Für die Wippe, die Brücke oder das Tor sind allerdings zusätzliche Balken und Bretter nötig.

Stangenlaufen

Für diese Übung werden ungefähr sechs Holzstangen mit einem Meter Abstand parallel zueinander in eine Reihe gelegt.

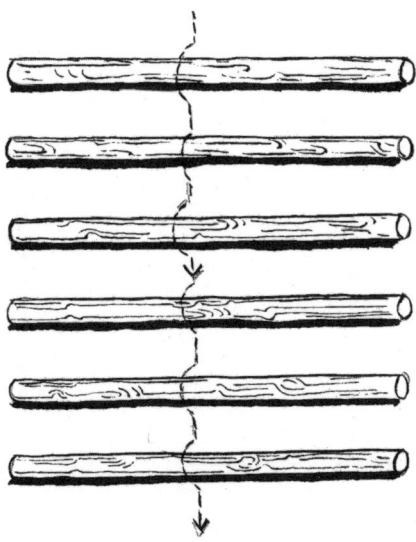

Das Pferd wird zunächst im Schritt, später auch im Trab über die Stangen geführt.

Es lernt die Abstände richtig einschätzen, ist aufmerksam und hebt die Beine hoch.

Das Quadrat

Das Quadrat besteht aus vier Stangen mit ungefähr 2 m Länge, die zu einem Quadrat gelegt werden. Auf einer Seite wird die Stange nun so verschoben, dass ein kleiner Eingang entsteht.

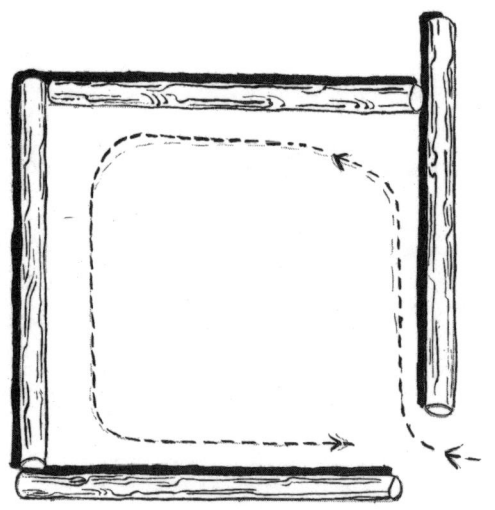

Dann wird das Pferd auf diesem engen Raum rechts oder links herum im Kreis geführt.

Dabei lernt das Pferd, sich zu biegen. Es verlagert sein Gewicht mehr auf die Hinterhand. Das ist für die spätere Ausbildung sehr wichtig.

Das „L"

Vier Stangen – wieder ungefähr 2 m lang – werden zu einem doppelten L gelegt. Auf diese Weise entsteht eine rechtwinklig abknickende Gasse. Der Durchgang soll dabei ungefähr 80 cm breit sein.

Der Reiter führt das Pferd an den Durchgang heran und geht mit ihm hindurch. Das Gleiche wiederholt sich von der anderen Seite aus. Dann wird die Schwierigkeit gesteigert, indem Mensch und Pferd vorwärts hinein- und rückwärts hinausgehen.

Das Pferd lernt durch diese Übung, sicher und ausbalanciert durch eine Enge zu gehen. Es steht dann still und bewegt sich rückwärts, ohne die Stangen zu berühren.

Das Labyrinth

Mit mindestens sechs Stangen wird ein enger Durchgang gelegt, der erst nach rechts, dann gleich wieder
nach links führt.

Wie beim „L" wird das Pferd vorwärts und auch rückwärts hindurchgeführt.

Das Pferd muss sich abwechselnd nach rechts und links
biegen, sehr aufmerksam sein und die Balance halten.

Tonnenslalom

Für den Tonnenslalom stellt man Blechtonnen oder auch
Stangen mit großen Zwischenräumen in einer Reihe
auf. So bilden sie einen Slalom, durch den das Pferd gehen soll.

Das Pferd wird um die Tonnen herum und zwischen
den Tonnen hindurch geführt. Dann werden die Tonnen je nach Bedarf und Geschicklichkeit des Pferdes
mal enger zusammen oder weiter auseinander gestellt.

Das Pferd muss sich bei den engen Wendungen biegen und wird dadurch geschmeidiger.

Die Brücke

Für die Brücke braucht man als Unterlage zwei Kant-
hölzer von etwa einem Meter Länge und zwei weitere
von ca. 80 cm Breite, die man zu einem Rechteck legt.
Auf dieses Rechteck werden quer Bretter aufgenagelt.
Als seitliche Begrenzung kann ein Geländer ange-
schraubt werden, aber zwei Strohballen mit Stangen auf
jeder Seite reichen auch aus.

An beiden Seiten kann man auch zusätzlich eine
Schräge anbauen.

Das Pferd wird an die Brücke herangeführt. Wahrscheinlich will es erst mal in Ruhe das Hindernis anse-
hen und erforschen. Die Zeit sollte das Pferd auf jeden
Fall haben.

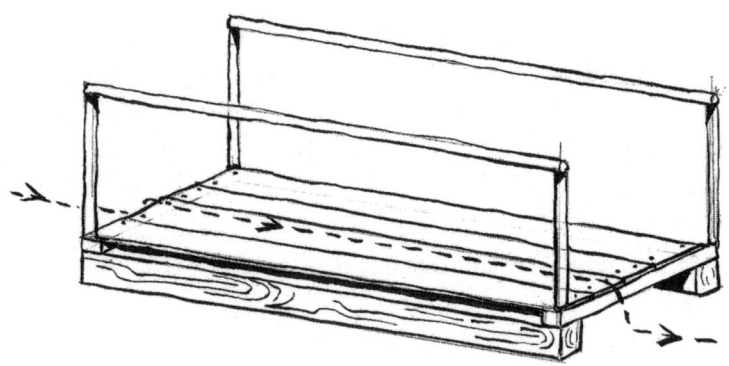

Hat es Mut gefasst, gehen Mensch und Pferd gemeinsam zügig hinüber. Wenn das Pferd diese Übung beherrscht, kann man auch kurz auf der Brücke anhalten und rückwärts wieder hinuntergehen.

Im Gelände sollte schon mal eine Holzbrücke überquert werden, deren Geräusche dem Pferd bekannt sein sollten. Es ist auch eine Vorbereitungsübung für das Hängerfahren.

Baumstamm

Ein dickes Meterstück eines Baumes oder auch eine Reihe Strohballen werden auf den Boden gelegt. Das Pferd soll dann das Hindernis im Schritt und später im Trab überspringen.

Auch im Gelände müssen hin und wieder Baumstämme oder abgebrochene Äste übersprungen werden.

Plastikplane

Man breitet eine mindestens 2 m x 2 m große Plastikplane auf dem Boden aus. Damit sie nicht wegweht, können die Ecken mit Steinen beschwert werden.

Das Pferd soll dann lernen, ohne Angst die Plane zu überschreiten. Das raschelnde Geräusch von Plastik unter den Hufen versetzt manche Pferde in Schrecken. Anderen macht es gar nichts aus. Bei ängstlichen Pferden erleichtert es die Arbeit, wenn ein furchtloses Pferd vorweggeführt wird.

Plastikvorhang

Der Aufbau für diese Übung ist etwas aufwändiger und eignet sich eher für einen „Spielplatz", der nicht gleich wieder abgebaut werden muss.

Zwei Pfosten, die ungefähr 4 m lang sind, werden einen Meter tief in der Erde verankert. Der Zwischenraum beträgt ungefähr 2,50 m. Die oberen Enden werden mit einem Brett zu einem Tor verbunden.

An den Querbalken werden Plastikstreifen montiert. Die durchsichtigen Streifen liegen nebeneinander und überlappen nicht. Sie enden ein Stück über dem Boden, damit die Pferde nicht drauftreten.

Zwei Helfer halten zunächst die Streifen zur Seite. Jetzt wir das Pferd zum ersten Mal hindurchgeführt.

Wenn das Pferd nicht erschrickt, lassen die Helfer jetzt nach und nach die Streifen in die Mitte baumeln, bis das

Pferd schließlich ohne Zögern durch den geschlossenen Vorhang geht.

Auch bei dieser Übung ist viel Geduld erforderlich. Notfalls sollte sich das Training auch über einige Tage erstrecken. Auf keinen Fall darf man das Pferd unter Druck setzen oder zwingen wollen. Sonst bekommt das Pferd noch größere Angst.

Mit dieser Übung kann man die Schreckhaftigkeit eines Pferdes vor wehenden Plastikbahnen sehr gut abbauen.

Übung mit Gewichten

Zwei Tonnen werden so aufgestellt, dass ein Pferd gerade noch hindurchpasst. Auf der einen Tonne liegt ein Sack mit einem leichten Gewicht.

Man reitet in den Zwischenraum und hält an. Jetzt wird der Sack von der einen Tonne gehoben und über den Kopf des Pferdes auf die andere Tonne gelegt. Danach darf das Pferd weitergehen.

Das Pferd lernt, dass es stehen und abwarten muss, wenn der Reiter etwas anderes tut. Man kann auch einen Gegenstand von einer Tonne aufnehmen und eine Zeit lang mittragen.

Diese Übung kann nur vom Pferd aus gemacht werden. Sie eignet sich aber gut, weil sie recht einfach ist und Abwechslung in die Bodenarbeit bringt.

Die Wippe

Ein dickes Rundholz wird auf den Boden gelegt. Einige fest zusammengefügte Bohlen werden als Laufsteg so darüber gelegt, dass eine Wippe entsteht.

Zu Beginn sollte neben der Wippe eine Begrenzung aus Strohballen oder Stangen verhindern, dass das Pferd ausweichen kann.

Nun wird es vorsichtig an die Wippe geführt und soll langsam die Schaukelbewegung austesten. Pferde, die

schon auf der Brücke trainiert haben, werden ziemlich schnell durch Verlagerung des Gewichtes über die Wippe gehen. Auch bei dieser Übung ist viel Geduld und Zeit nötig.

Das Pferd lernt auf der Wippe spielerisch, durch Gewichtsverlagerung seinen Körper zu beherrschen. Es fasst auch Mut, neue und unbekannte Hindernisse zusammen mit dem Menschen zu überwinden. So fördert diese Übung das Vertrauen zwischen Mensch und Pferd.

 # Die Ausbildung des Reiters

Reiten lernen

Um richtig reiten zu können, muss ein Reiter:

- seinen Körper beherrschen
- auf dem Pferderücken sitzen, ohne das Pferd in der Bewegung zu behindern
- sich mit dem Pferd eindeutig und klar verständigen und
- mit dem Pferdekörper eine Einheit bilden

All das muss man erlernen und erfahren. Die Grundlagen beim Reitenlernen sind:

- der richtige Sitz in den Grundgangarten
- die richtige Zügelhaltung und Einwirkung auf das Gebiss
- die Hilfengebung mit dem Körper, um den Bewegungsablauf des Pferdes zu kontrollieren und zu beeinflussen
- das Pferd anhalten können

Daraus ergibt sich eine sinnvolle Reihenfolge der Reitausbildung.

An erster Stelle steht der Umgang mit dem Lebewesen Pferd, die Beobachtung und die Beschäftigung miteinander, das Wissen um Körper und Sinne dieses Tieres.

Wie können wir sonst mit dem Pferd zusammenarbeiten, wenn wir nichts über das Wesen und Verhalten von ihm mitbekommen?

Dann kommt die praktische Arbeit, zunächst vom Boden aus. Das Pferd lernt, dass es geführt wird. Es soll stillstehen und anhalten, rückwärts gehen und traben am Halfterstrick. Es lernt einfache und später auch etwas schwierigere Übungen auf der „Spielwiese".

Dort lernen Pferd und Mensch, sich miteinander zu verständigen.

Erste Sitzübungen kann man unter Anleitung eines erfahrenen Reiters auf einem Holzpferd oder einem Baumstamm machen. Dazu gehören auch Gymnastikübungen.

Erst dann dürfen Anfänger auf das Pferd steigen. An der Longe auf dem Reitplatz oder auch auf der Ovalbahn reitet man ohne Sattel und Zügel im Kreis herum. Der Reiter lernt richtig zu sitzen und das Gleichgewicht zu halten. So erspürt er die Körperbewegungen des Pferdes und kann sich daran anpassen. Nach dem Schritt dürfen Anfänger auch Trab und langsamen Galopp reiten.

Dann wird alles mit Sattel geübt. Zwischendurch werden öfter mal die Steigbügel übergeschlagen, um den sicheren Sitz zu verbessern.

Sitzt der Reiter ruhig und sicher, kann er auch die Bügel aufnehmen und sein Pferd selbst lenken.

Das Reittraining mit Sattel und Zäumung beginnt. Auf dem Reitplatz oder der Ovalbahn werden alle Gangarten, der Wechsel von einer Gangart in die andere und das Anhalten geübt.

Nach dieser Grundausbildung können Reitanfänger schon erste Ausritte ins Gelände wagen oder – je nach

Ansprüchen und Interesse – auch schwierige Aufgaben auf dem Reitplatz üben.

Eines ist klar: Reitenlernen braucht einige Zeit. Und um eine gute Reiterin oder ein guter Reiter zu werden, sind viele Jahre Ausbildung nötig. Je besser die Grundausbildung ist, umso leichter macht ein Reiter dann Fortschritte.

Pferdebegeisterte Leute, die auf diese Art reiten lernen möchten, erkundigen sich am besten zuerst, welche Reitschulen so unterrichten.

Es gibt auch immer mehr Ferienreitkurse und alternative Reitschulen, in denen die Reitlehrer nach dieser Methode vorgehen.

Eine gute Reitschule erkennt man schon an der Haltung der Pferde. Reitschulen, in denen Pferde den ganzen Tag in Gitterboxen stehen und nur zum Unterricht in die Halle oder auf den Platz geholt werden, sind auf keinen Fall zu empfehlen.

Nur Pferde, die artgerecht gehalten werden und viel Bewegung haben, können als Schulpferde ausgeglichen, freundlich und gelassen sein. Sie sind viel eher bereit, auch auf Anfänger einzugehen. Eine behutsame, aber abwechslungsreiche und spielerische Ausbildung ist natürlich immer besser als langweiliger „Drill".

Beim Beobachten der Pferde auf der Weide und beim

Reiten kann man einen Blick dafür bekommen, wie lebendig und locker Pferde gehen können. Abgestumpfte, verspannte und verkrampfte Tiere sind nicht zur Mitarbeit bereit. Das Reiten macht so keinen Spaß, und der Unterricht ist nicht erfolgreich.

Mit Pferden umgehen, sie kennen lernen oder aufsitzen und geführt werden: Damit kann man so früh wie möglich anfangen. Beim Reitenlernen sollte die Körpergröße von Tier und Mensch schon einigermaßen zusammenpassen. Es ist wichtig, dass dann Kinder ihr Pferd auch satteln und auftrensen können.

Es gibt verschiedene Reitstile, aber man muss sich oft nach den Möglichkeiten richten, die in der näheren Umgebung angeboten werden. Eine gute Reitschule wird einen Sitz vermitteln, der das Pferd nicht stört, und gleichzeitig die notwendigen Hilfen für die Einwirkung auf das Pferd.

Kann man erst einmal reiten, entwickeln sich vielleicht neue Interessen. Vielleicht möchte man dann einen anderen Reitstil erlernen.

Reiten kann man auf Schulpferden oder mit dem eigenen Pferd lernen. Das ist in erster Linie eine Frage der Möglichkeiten. Wer ein eigenes Pferd besitzt, ist natürlich besser dran. Meist wird jedoch der andere Weg üblich sein. Hat man später ein eigenes Pferd, sollte man die Ausbildung teilweise wiederholen, damit Pferd und Reiter sich aneinander gewöhnen. Diese Ausbildung kann man dann selbst bewältigen.

Um eine Reitausbildung zu machen, kann man regelmäßig am Reitunterricht in einer Reitschule teilnehmen oder Ferienkurse besuchen. Beides hat Vor- und Nachteile. Bei einem Kurs lernt man vielleicht schneller und intensiver, weil man Tag für Tag üben kann. Andererseits besteht die Gefahr, dass alles etwas viel auf einmal ist und auch in Vergessenheit gerät, wenn nach dem Kurs nicht regelmäßig weitertrainiert werden kann.

Bei regelmäßigen Stunden in der Reitschule sind die Abstände hingegen größer. Der Vorteil besteht im ständigen Üben über eine längere Zeit. Die Entscheidung sollte nach Lust und Laune sowie nach den Möglichkeiten gefällt werden. Auch eine Kombination von beiden Trainingsarten ist denkbar.

Die Reitstile

Es ist schon verwirrend. Da wird von „Englischreiten", „Westernstil", „leichter" oder „altiberischer" Reitweise, „Signal-" und „Integralreiten" geredet. Und die

Anhänger all dieser Reitstile halten oft ihre bevorzugte Reitweise für die einzig richtige.

Dabei ist alles viel einfacher, als es auf den ersten Blick aussieht. Die Unterschiede beziehen sich auf den Sitz des Reiters, meist kombiniert mit der Auswahl des Sattels, die Zäumungen und Gebisse und die Art der Hilfengebung.

Jeder muss seinen Stil finden, der zu ihm und dem Pferd passt. Manchmal dauert das etwas und sollte auch ausprobiert werden. Dabei kann man von anderen viel lernen, aber zurechtkommen muss man mit seinem Pferd selbst.

Die englische Reitweise – fit fürs Turnier

Damit ist ein Reitstil gemeint, der in Deutschland und anderen europäischen Ländern sehr verbreitet ist. Seinen Ursprung hat er im Militärreiten.

Die englische oder auch klassisch kontinentale Reitweise wird hauptsächlich in Reithallen und auf Reitplätzen geritten. Ihre höchste Ausbildungsform ist die Dressur, die auch eine olympische Disziplin ist.

Sechs Schlagworte bestimmen diese Reitweise:

- der Takt
- die Losgelassenheit
- die Anlehnung
- der Schwung
- das Geraderichten
- die Versammlung

Im Takt reiten bedeutet, dass die Zeit zwischen den Schritten des Pferdes immer gleich bleibt. So entsteht eine gleichmäßige Bewegung.

Losgelassenheit heißt, dass ein Pferd locker und unverkrampft läuft und die Hilfen des Reiters willig befolgt.

Die Anlehnung ist die Verbindung von Pferdemaul und Reiterhand, wobei das Pferd auf feinste Zügelhilfen zusammen mit Gewichts- und Schenkelhilfen reagiert.

Der Schwung kommt von der Schubkraft aus der Hinterhand. In der Fachsprache sagt man, das Pferd „geht vorwärts".

Das Geraderichten ist ein Geradeauslaufen, das heißt, Vor- und Hinterhand sollen genau hintereinander in einer Spur gehen. Das setzt voraus, dass das Pferd geschmeidig und biegsam im Gleichgewicht geht.

Mit der Versammlung verlagert sich der Schwerpunkt des Pferdes von vorne nach hinten. Die Hinterbeine treten vermehrt unter den Körper.

Das Westernreiten – nicht nur für Cowboys

Der Name erinnert an den „Wilden Westen" der USA, wo die Cowboys riesige Rinderherden durchs Land trieben. Ausgehend vom altspanischen Reitstil entwickelten die Rinderhirten eine eigene Reitweise.

Westernreiten ist ein besonders bequemer und sicherer Reitstil, da die Cowboys oder Vaqueros, wie sie im Süden genannt wurden, manchmal stunden- oder tagelang im Sattel saßen.

Sie wählten eine einfache und klare Hilfengebung, die nur eingesetzt wird, wenn das Pferd etwas anderes als vorher machen soll.

Für ihre Arbeit brauchten die Rinderhirten trittsichere, wendige, gehorsame Tiere. Die Zügelführung ist einhändig, damit die andere Hand für die Arbeit frei ist. Der breite, schwere Westernsattel verteilt das Gewicht des Menschen schonend auf eine große Fläche des Pferderückens. Gewichtshilfen wie Einsitzen oder Anheben des Gesäßes und einfache Zügelsignale bilden die Grundlage der Verständigung.

Die speziellen Gangarten „Jog", ein verlangsamter Trab, und „Lope", langsamer Galopp, sind kräftesparend für Reiter und Pferd. Als Westernpferde werden meist die nordamerikanischen Rassen Quarter Horse, Paint und Appaloosa bezeichnet. Pferde dieser Rassen eignen sich durch die jahrhundertelange Zucht und Auswahl besonders gut für das Westernreiten. Aber auch Pferde europäischer Rassen, die einen kurzen Rücken haben (Quadratpferde), kann man bei entsprechender Ausbildung im Westernstil reiten. Ein „Westernpferd" verdient in erster Linie durch Auswahl und Training diesen Namen.

Wer glaubt, dass Westernreiten eine Ausbildung auf die Schnelle ist, irrt gewaltig. Nur durch ein solides Training auf dem Reitplatz wird auch ein Westernpferd erst zum verlässlichen und wendigen Partner des Menschen. Das Westernreiten ist in den letzten Jahren in Deutschland sehr populär geworden. Deshalb gibt es viele Ausbildungskurse von ganz unterschiedlicher Qualität. Ein kritisches Aussuchen und Vergleichen ist daher wichtig.

Neben dem Westernreiten für die Freizeit gibt es auch den Turniersport mit allen möglichen Disziplinen.

Freizeitreiten nach alten Reitlehren

Freizeitreiten im Gelände stellt hohe Anforderungen an Pferde und Reiter. Unebene Wege, steinige Aufstiege, Matsch, Wasser oder rutschige Abhänge müssen überwunden werden. Dazu kommen unvorhergesehene Situationen, die vom Pferd Nervenstärke und Vertrauen zum Reiter erfordern.

Dafür ist eine gute und gründliche Schulung nötig. Gerade im Gelände muss sich das Pferd geschmeidig und gelassen im Gleichgewicht halten. Deshalb haben sich viele Reiter, die sich mit der Ausbildung von Freizeitreitern und deren Pferden beschäftigen, an den Vorbildern der alten Reitlehren orientiert. Die Grundlagen der heutigen Reitstile von Freizeitreitern sind die Reitlehre François Robichons de la Guérinière (1688–1751) und die klassischen Reitweisen der Südfranzosen, Spanier und Portugiesen.

Dieses Reiten lehrt, dass Hilfen immer nur durch kurze und klare Signale gegeben werden.

Nach der Grundausbildung reiten Fortgeschrittene mit einhändiger Zügelführung und sitzen in allen Gangarten aus.

Die Schulung auf dem Reitplatz umfasst die alten klassischen Lektionen wie Schulterherein, Travers, Traversale, Volten und Renvers. Dazu kommen praktische Übungen, wie sie bereits bei der Bodenarbeit auf dem Spielplatz und dem Westerntrail beschrieben sind.

Gibt es nun für dieses Reiten ein Idealpferd?

Hier gilt, dass der Reiter einen besonderen „Draht" zu seinem Pferd braucht. Der kann von vornherein da sein oder braucht manchmal auch seine Zeit. Das hat in erster Linie mit Zuneigung, Verständnis und Zueinander-Passen zu tun und dann erst mit der Ausbildung, denn manche Leute ahnen gar nicht, was alles in ihrem Pferd steckt!

Bei den körperlichen Vorzügen gibt es zwei Eigenschaften, die für Freizeitpferde von Vorteil sind.

Einmal die Größe. Das Stockmaß sollte nicht unbedingt höher als 1,60 Meter sein. Bei kleineren Pferden kann man besser aufsteigen und bekommt auch nicht auf jedem Waldweg die Zweige ins Gesicht. Zudem sind kleinere Pferde wendiger.

Auch die Körperform ist wichtig. Rechteckige, lange Pferde eignen sich besser für die Kutsche. Für das Reiten sind die Quadratpferde ideal, weil sie einen kürzeren Rücken haben. Das Stockmaß und die Länge von der Brust bis zum Schweifansatz sind hier fast gleich.

Diesen Pferden fällt es leichter, die Hinterbeine stärker unter den Körper zu schieben, um die Vorhand zu entlasten und das Reitgewicht besser auszugleichen.

Die Ausbildung geht schrittweise vor.

Das Pferd lernt eindeutige Signale. Diese Muster prägen sich ein und werden vom Pferdegehirn auf lange Zeit gespeichert. Der Reiter ruft dann durch seine Hilfengebung das Gelernte bei Bedarf ab. Bei guter Ausbildung genügt ein leiser Wink, und das Pferd versteht sofort, was es machen soll.

Reiten macht nur Spaß, wenn man entspannt, sicher und bequem im Sattel sitzt. Dieser Sitz muss zudem auch für das Pferd angenehm und wenig störend sein.

Folgende Ansprüche erfüllt der richtige Sitz:

- Er strengt nicht an und verspannt nicht die Muskeln im Rücken.
- Das Pferd tritt beim Gehen mit den Hinterbeinen mehr unter den Körper, damit das Reitergewicht die Vorhand weniger belastet.
- Der richtige Sitz fördert das Gleichgewicht und die Balance.
- Er folgt den Bewegungen des Pferdes.
- Mit dem richtigen Sitz wirkt der Reiter auf das

Pferd und seine Bewegungen ein, verstärkt oder verringert den Schwung oder hält das Pferd an.

- Im richtigen Sitz kann man durch Gewichtsverlagerung des Körpers dem Pferd Signale geben, zum Beispiel bei den Lektionen auf dem Reitplatz, mit denen die Biegsamkeit und Geschmeidigkeit erhöht werden soll.

Im richtigen Sitz ist ein Reiten möglich, bei dem man die Antwort des Pferdes auf seine Signale erspüren kann. Nur so macht das Reiten beiden Partnern Spaß.

Bei diesem Sitz ist der Oberkörper in senkrechter Haltung. Der Kopf schaut geradeaus. Das Becken wird leicht nach hinten abgekippt, damit sich der Schwerpunkt des Reitergewichts nach hinten verlagert. So ist der Oberkörper hinter der Linie, die zum Schwerpunkt des Pferdes führt. Dieser Sitz hat den Vorteil, dass er den Rücken von Pferd und Reiter schont.

Bei den Hilfen unterscheiden wir hauptsächlich:

- Gewichtshilfen
- Schenkelhilfen
- Zügelhilfen
- Stimmhilfen

Dabei gibt es viele Möglichkeiten, diese Hilfen zu verstärken, zu kombinieren und aufeinander abzustimmen.

Beim Anhalten des Pferdes bestehen die Hilfen aus Gewichts-, Schenkel-, Zügel- und Stimmhilfen. Nach eingehender Schulung stoppt ein Pferd auch ohne jede Zügelhilfe.

Im Laufe des Trainings ändert sich die Art der Hilfengebung. Zunächst müssen die Hilfen sehr deutlich, aber weder grob noch durch Zerren am Zügel gegeben werden, später genügen dann leichte Berührungen, weil das Pferd die Signale kennt. Gerade bei den Zügelhilfen soll schon ein feines Vibrieren, ein Klingeln genügen, um den gewünschten Erfolg zu erreichen.

Wie beschrieben kann Versammlung nicht durch Zwang oder Zusammenschnüren des Pferdes erreicht werden. Das Pferd muss sich freiwillig versammeln. Es verlagert das Reitergewicht nach hinten, indem es die kräftigen Hinterbeine einsetzt, die unter den Schwerpunkt des Körpers treten. Hüft-, Knie- und Sprunggelenke, die Hanken, werden gebeugt. Die Kruppe senkt sich, das Pferd wird hinten niedriger. Der Rücken federt, und der Hals wölbt sich.

Diese Körperhaltung lässt das Pferd nicht nur elegant erscheinen, es verteilt das Reitergewicht optimal und schont den Rücken und die Vorderbeine.

Bei den Gangarten übt man zunächst den Schritt. Was sich so einfach anhört, erweist sich bei genauerem Hinsehen doch als Problem.

Wie oft gibt es dieses Bild: Bei einem gemeinsamen Ausritt gehen einige wenige Pferde einen flüssigen raumgreifenden Schritt, während die meisten anderen entweder tippeln, zackeln, ins Stolpern kommen oder sogar hinterherschleichen und immer wieder angetrieben werden.

Mit solchen Pferden muss man auf dem Reitplatz üben. Ein guter Sitz, der sanft mitschwingt, wenig Zügeleinwirkung, sodass das Pferd den Kopf frei halten kann, lassen es meist schon zügig voranschreiten. Auch Lektionen wie Seitengänge und Volten verbessern das Tempo und die Schrittlänge.

Der Trab stellt die meisten Reiter vor die größten Probleme. Während im Schritt jeder Fuß des Pferdes nacheinander im Vierertakt auftritt, heben beim Trab immer zwei Beine gleichzeitig vom Boden ab.

Nun gibt es Pferde, die schon durch ihre körperlichen Voraussetzungen weichere Gänge haben. Allein die Beinstellung und eine lockere, gelöste Muskulatur können dafür sorgen. Andere Pferde sind einfach etwas ungelenker und steifer, ihre Gänge sind hart, sie stoßen und werfen. Bei ihnen ist Gymnastik nötig.

Beim englischen Reiten reitet man verspannte Pferde im Leichttraben, wo nur jeder zweite Trabschritt ausgesessen wird.

Der Reiter balanciert beim Traben sein Gewicht im Sattel aus und passt sich der Bewegung des Pferdes fließend an.

Hat man zunächst Schwierigkeiten, reitet man langsamer und bevorzugt den Jog, eine sehr bequeme Geschwindigkeit – schneller als Schritt und langsamer als der gewöhnliche Trab. Um seinem Pferd diese Gangart beizubringen, bremst man es aus dem Trab mit Sitz-, Zügel- und Stimmhilfen etwas ab, ohne dass das Pferd in den Schritt fällt.

Mit etwas Geduld und Übung kann fast jedes Pferd den Jog lernen. Das ist dann eine Gangart, mit der man längere Strecken gemütlich dahinreiten kann.

Schließlich beherrschen Pferde noch den Galopp, die schnellste und für viele Reiter schönste Gangart. Es ist eine Freude, mit einem Pferd nur so dahinzufliegen!

Im Galopp sitzt der Reiter im Freizeitstil wie beim Westernreiten im Sattel aus. Anfängern bereitet das allerdings einige Schwierigkeiten. Durch die Sprünge, die das Pferd beim Galopp macht, entsteht eine Auf- und Abbewegung, die manchen Reiter hart in den Sattel plumpsen lässt. Das sieht nicht gut aus und gefällt auch dem Pferd nicht.

Beim Galopp muss man seinen Oberkörper aufrecht halten, um nicht hin und her zu pendeln, und sich den Bewegungen des Pferdes durch richtiges Sitzen mit nach hinten abgekipptem Becken anpassen.

Die leichte Reitweise

Diese Reitweise lehrt in Deutschland das Ausbildungszentrum Reken in Westfalen. Sie orientiert sich am „leichten" oder auch „Vorwärtssitz" des Reitlehrers Wladimir Littauer.

Die Besonderheit des Stils ist ein Sitz, bei dem

- das Gewicht des Reiters sich gleichmäßig auf die drei federnden Gelenke Hüft-, Knie- und Fußgelenk verteilt
- der Oberkörper nach vorne geneigt und in der Leiste abgewinkelt wird, um so das Gewicht des Reiters über dem Schwerpunkt des Pferdes auszubalancieren
- das Knie und der Oberschenkel einen Winkel bilden und die Bügelriemen senkrecht oder etwas hinter der Senkrechten hängen
- der Reiter bei ruhigem Tempo in allen Gangarten mit dem unteren Teil der Oberschenkel, der Innenfläche der Knie und dem oberen Teil der Waden nur leichten Kontakt mit dem Sattel hält
- im schnellen Galopp und beim Springen diese Muskelpartien stärker angespannt werden

- die Steigbügel sich senkrecht unter dem Körper befinden, die Absätze nach unten gedrückt werden und man das Gefühl hat, dass das eigene Gewicht nach unten sinkt
- die Arme an den Ellbogen abgewinkelt sind, die Unterarme mit den Zügeln eine gerade Linie vom Ellbogen zum Pferdemaul bilden und die Hände parallel zur Pferdeschulter gehalten werden.

Eine weitere Unterscheidung zur Reitweise nach klassischen Vorbildern ist die Kopf- und Halshaltung des Pferdes. Das Pferd streckt den Hals und den Kopf in natürlicher Weise nach vorne, um sich selbst im Gleichgewicht zu halten.

Welche der vorgestellten Reitstile jeder für sich wählt, muss er letzten Endes selbst entscheiden. Die Ziele sind immer die gleichen, die Wege dahin unterscheiden sich allerdings.

Reitanfänger informieren sich am besten gründlich, beraten sich mit Freunden und Leuten, die eine der Reitweisen schon länger praktizieren. Dann wird verglichen und ausgewählt. Es kann vorkommen, dass man nicht gleich den passenden Reitstil findet und irgendwann auf einen anderen umsteigt. Der wichtigste Grundsatz muss sein, ein zufriedenes und gesundes Pferd zu haben und selbst Freude am Reiten zu finden.

Einige Benimmregeln für das Reiten im Gelände

1. In einigen Regionen ist das Reiten nur noch auf dafür ausgezeichneten Reitwegen erlaubt. Das mag zwar nicht immer großen Spaß machen, muss aber unbedingt eingehalten werden, weil sonst Ärger droht.

2. In Gemeinden, in denen es solche Einschränkungen nicht gibt, müssen sich die Reiter im Gelände trotzdem rücksichtsvoll verhalten.

3. Pferde, die Hufeisen tragen, verursachen bei schnellen Gangarten auf feuchtem Untergrund leichter Schäden als Pferde, die barfuß laufen.

4. Reiter dürfen nur auf Wiesen reiten, die abgeerntet sind. Wenn das Gras für Heu oder Krum-

met, den zweiten Grasschnitt eines Jahres, nach-
wächst, kann man nicht darauf reiten.

5. Man darf nicht über eingesäte Felder reiten.

6. Auf unübersichtlichen Wegen reitet man vorsichtig und nimmt auf Spaziergänger Rücksicht.

7. Spätabends reitet man nicht im Wald, weil das
Wild dann Ruhe braucht.

8. An Weiden galoppiert man nicht vorbei, damit
sich die Tiere nicht unnötig aufregen.

9. Bei einem Ausritt kann man in die Dämmerung
oder Dunkelheit geraten. Einfache Fahrradre-
flektoren, an die Reitstiefel oder die Steigbügel
geklebt, geben Sicherheit und warnen die anderen Verkehrsteilnehmer.

10. Beim Reiten muss man immer bedenken, dass
viele Leute Angst vor Pferden haben, und sein
Verhalten darauf einstellen!

Die Gesundheit des Pferdes

Vorbeugen ist besser als heilen

Für das Wohlergehen unserer Pferde sind wir Menschen zuständig. Denn wir haben die Verantwortung für diese Tiere übernommen.

Ein gesundes Pferd ist lebensfroh, unternehmungslustig und bereit, mit seinem Reiter zusammen etwas zu machen.

Drei Voraussetzungen für Gesundheit sind: Wohlbefinden, körperliche Fitness und Beobachtung des Pferdes.

Das Wohlbefinden

Das erreichen wir durch eine möglichst artgerechte Haltung. Die Pferde leben in einer Gruppe zusammen und haben täglich Auslauf.

Die körperliche Fitness

Das bedeutet eine ausgewogene Ernährung. Das Pferd bekommt alle lebenswichtigen Stoffe in ausreichender Menge. Es dürfen weder Mängel auftreten, noch sollte ein Überangebot stattfinden. Vitamine, Spurenelemente und Mineralien sollen im richtigen Verhältnis gefüttert werden. Zu wenig oder zu viel machen krank.

Die Beobachtung des Pferdes

Beim täglichen Besuch auf der Weide können wir Veränderungen im Verhalten der Tiere und kleine Verletzungen gleich erkennen und Maßnahmen ergreifen. Je besser man seine Pferde kennt, umso leichter wird diese Beobachtung fallen.

Diese Gesundheitsvorsorge ist sehr einleuchtend. Denn die Bewegung im Freien stärkt den Blutkreislauf, das Herz, die Lunge, die Muskeln und die Gelenke. Der Kontakt zu Artgenossen macht Pferde zufrieden und ausgeglichen, während die Einzelhaltung in Boxen sie krank machen kann. Stress, Verhaltensstörungen und Bewegungsarmut erhöhen dann die Anfälligkeit für Krankheiten.

Einseitige oder falsche Ernährung hat bei Pferden ähnliche Folgen wie bei uns Menschen. Das Problem daran ist, dass gesundheitliche Störungen nicht gleich auftreten, sondern erst nach Wochen, Monaten oder sogar Jahren. Dann sind sie schwer zu beheben.

Die Abstimmung des Futters und seiner Inhaltsstoffe auf die Rasse und den körperlichen Zustand des Pferdes ist also unerlässlich und etwas Mühe wert. Ein netter Tierarzt wird sicher bei einer solchen Nährstofftabelle helfen.

Untersuchungen von Futter- und Bodenproben der Weide nehmen landwirtschaftliche Ämter oder andere Labors vor. Auch eine Untersuchung der Mähnen- oder Schweifhaare kann über den Mineralstoffgehalt im Körper Auskunft geben. Bei einem Verdacht auf Mangelzustände kann der Tierarzt eine Blutprobe nehmen und anschließend analysieren lassen. Für das körperliche Wohlbefinden braucht ein Pferd auch immer frisches Trinkwasser.

Beim täglichen Umgang mit unseren Pferden fallen uns Veränderungen im Wesen des Tieres, Verletzungen oder andere Anzeichen von Krankheiten auf. Die Körpersprache und das gesamte Erscheinungsbild des Pferdes helfen uns dabei.

Alarmsignale sind:

- Das Pferd ist teilnahmslos und frisst kein Futter.
- Es lässt den Kopf und die Ohren hängen oder steht nicht gleichmäßig auf allen vier Beinen.

- Die Augen sind glanzlos, gerötet oder tränen stark.
- Der Schweif ist zerfranst vom Scheuern an Baumstämmen oder Pfosten, die Ursache können Mücken, aber auch Würmer sein.
- Das Pferd hustet und leidet an Nasenausfluss.
- Die Pferdeäpfel sind sehr weich oder ganz hart und dunkel.
- Das Pferd hat Beulen oder Ekzeme; natürlich sind Mückenstiche und Quaddeln nicht tragisch, sondern an der Tagesordnung.
- ungepflegte Hufe mit ausgebrochenen Stellen, Steinchen und anderen Gegenständen in der weißen Linie oder in der Sohle, die entfernt werden sollten.

Manche Hinweise deuten auf eine schwere Erkrankung hin. Steht ein Pferd in der Sägebockstellung, dann schiebt es die Vorderbeine nach vorne und die Hinterbeine unter den Körper. Meist ist Hufrehe, eine Entzündung der Huflederhaut, die Ursache. Tritt das Pferd sich mit den Hinterhufen unter den Bauch, ist nervös, unruhig und wirft sich auf die Erde, dann hat es eine Kolik. Bei diesen Anzeichen muss schnellstmöglich der Tierarzt kommen.

All diese Kontrollen werden nach einiger Zeit selbstverständlich. Man sieht sofort, ob alles in Ordnung ist oder nicht. Dabei sollte man weder sorglos und leichtfertig noch zu ängstlich sein. Man lernt schnell zu unterscheiden, ob eine Erkrankung harmlos oder ernst ist.

Krankheiten

Wenn die Luft ausgeht: Krankheiten der Atmungsorgane

Drei Bereiche des Pferdekörpers sind besonders empfindlich für Erkrankungen: die Atmungsorgane, die Verdauung und die Knochen mit den Gelenken.

Bei den Atemwegserkrankungen gibt es verschieden schwere Formen:

- leichter Husten durch Zugluft, Staub oder anhaltend schlechte Witterung
- starker Husten durch Ansteckung bei kranken Pferden auf Turnieren oder in Ställen
- eine unheilbare Lungenerkrankung, die Dämpfigkeit

Ein Pferd ist aber nicht unbedingt krank, wenn es einmal hustet.

Husten ist auch eine Abwehrreaktion, um Staub oder Ähnliches aus der Luftröhre und der Lunge herauszuprusten, damit die Atemwege wieder frei sind.

Um festzustellen, ob ein Pferd prustet oder krank ist, beobachtet man die Häufigkeit des Hustens, die Tiefe der Geräusche und ob das Pferd Nasenausfluss hat.

Bei einem Hustenreiz, der nur in den oberen Atemwegen sitzt, ist kein Schleim oder Ausfluss in den Nüstern. Sind jedoch die unteren Atemwege – die Luftröhre, die Bronchien und die Lunge – betroffen, klingen die Geräusche dumpfer, der Husten wird immer stärker, und Nasenschleim tritt aus.

Manchmal hat das Pferd nach dem Reiten einen wässrigen durchsichtigen Nasenausfluss. Das ist unbedenklich. Nach einem schnellen Galopp, bei starkem Wind oder während einer Mückenplage können die Augen tränen. Dann fließt eine Flüssigkeit durch die Tränennasenkanäle in die Nüstern. Dieser klare Ausfluss erscheint immer an beiden Nasenlöchern.

Bei kranken Pferden ist der Ausfluss eher etwas zähflüssig, aber nicht durchsichtig. Er entsteht zu Beginn einer Ansteckungskrankheit der oberen Atemwege. Das Pferd muss sofort behandelt werden, ehe die Krankheit weiter fortschreitet. Im Anfangsstadium kann noch ein Hustentee helfen. Ist die Erkrankung schon fortgeschritten, muss der Tierarzt gerufen werden.

An zähem Ausfluss mit Luftbläschen im Schleim erkennt man ebenfalls die Ursache der Erkrankung. Große Bläschen entstehen etwa bei einer vergleichsweise harmlosen Infektion der oberen Luftwege, kleine hingegen bei einer gefährlicheren Erkrankung der Luftröhre und der Lunge.

Ohne fachkundige Behandlung kann ein dauerhafter Lungenschaden oder sogar die gefürchtete Dämpfigkeit entstehen. Manchmal sind dem Ausfluss Eiter oder auch etwas Blut beigemischt. Bei größeren Mengen schaumig-hellroten Lungenbluts besteht Lebensgefahr! Übel riechender Ausfluss, der meist nur aus einem Nasenloch fließt, kann auf eine Entzündung der Nasennebenhöhle hinweisen.

Die Heuallergie

Heuallergie ist ein Husten, der durch kleinste Heupartikel, die in der Luft schweben, ausgelöst wird.

Am meisten gefährdet sind Boxenpferde, die fast ausschließlich im Stallklima leben.

Gleichmäßige Temperaturen, erhöhte Luftfeuchtigkeit und die Ammoniakdämpfe von Urin und Kot sind für die Atemorgane des Pferdes giftig. Atmen Pferde über einen längeren Zeitraum solche Luft ein, dann werden die Schleimhäute angegriffen und die Luftröhre und die Bronchien überempfindlich.

Dazu kommt, dass oft die Heuqualität zu wünschen übrig lässt. Heu wird heute mit modernen Maschinen weniger schonend hergestellt und enthält oft Staub und Erde. Nicht sachgemäß getrocknetes Heu kann mit Schimmelpilzen durchsetzt sein und schwere Atemwegserkrankungen auslösen.

Der Körper des Pferdes wehrt sich, er reagiert allergisch. Beim Füttern bekommen allergische Pferde einen starken Hustenreiz. Dann kann Heu nur noch angefeuchtet gefüttert werden.

Ein Pferd ist dämpfig ...

Im fortgeschrittenen Stadium der Dämpfigkeit, wenn die Bronchien und die Lungenbläschen schon verklebt sind, hat das Pferd Schwierigkeiten mit der Atmung. Statt zehn Atemzügen bei normaler Gesundheit braucht das Pferd jetzt bis zu 50 Atemzüge in der Minute. Zum

Ausatmen spannt es zusätzlich die Bauchmuskulatur an. Diese Anspannung kann man sehen, und oft bildet sich an der Bauchwand eine Vertiefung, die Dampfrinne.

Wenn ein Pferd in Rente geht ...

Wenn ein Pferd alt ist, wird es auch öfter krank.

Die Knochen und Gelenke werden steifer, die Zähne und die Augen schlechter, und alles geht etwas langsamer. Auf all das müssen wir Rücksicht nehmen und uns darauf einstellen.

Besonders die Zähne muss man dann sehr sorgfältig kontrollieren.

Denn wenn ein Pferd sein Futter nicht mehr richtig kaut, gibt es Probleme bei der Verdauung und Verwertung. Zweimal im Jahr sollte man selbst oder der Tierarzt die Kaufläche der Backenzähne untersuchen und, wenn nötig, die Zähne abfeilen. Damit ein Pferd gar nicht erst scharfkantige Zähne bekommt, kann man durch klein geschnittenes, hartes Futter, wie Rübenstücke oder auch Obst, vorbeugen. Dann schleift das Pferd beim Kauen seine Zähne gleichmäßig ab.

Die ganze Ernährung soll abwechslungsreich gestaltet sein und genügend Vitamine und Mineralien enthalten.

Statt zwei großen Mahlzeiten füttert man alten Pferden besser mehrere kleinere Portionen über den ganzen Tag verteilt.

Die Augen muss man hin und wieder untersuchen. Auch die Beine tastet man ab, um Unregelmäßigkeiten wie Schwellungen oder Verknöcherungen festzustellen.

Ganz wichtig ist die tägliche Bewegung ohne Überanstrengung, damit das alte Pferd gelenkig bleibt und auch noch eine Aufgabe hat. Alte Pferde möchten auch weiterhin mit den anderen Pferden ihrer Gruppe zusammenleben, denn Pferde sind ihr Leben lang Herdentiere.

Krankheiten der Verdauungsorgane

Die Futterverarbeitung bis zur vollständigen Verdauung bildet im Körper des Pferdes eine Kette, deren wichtigste Stationen die Zähne, der Magen und der Darm sind.

Die Lippen und die Schneidezähne des Pferdes zupfen und beißen das Futter – meist Gräser – ab. Indem das Pferd sein Futter einspeichelt, findet in der Maulhöhle schon eine Vorverdauung statt. Dann zermahlen es die Backenzähne mit halbkreisförmigen Mahlbewegungen. Dadurch nutzt sich die Oberfläche der Backenzähne ab, und neues Zahnmaterial wächst aus dem Kiefer heraus nach.

Durch zu weiches Futter, das die Zähne nicht gleichmäßig abschmirgelt, bekommen Pferde deshalb Zahnschmerzen. So entstehen Kanten und Haken an den Zähnen, die die Backenschleimhaut verletzen und entzünden.

Die ersten Anzeichen dafür bemerken wir, wenn das Pferd Heu frisst. Das Pferd kaut vorsichtig und spuckt Heuklumpen wieder aus. Dabei trennt es kurze Halme von den längeren. Die kurzen schluckt es unzerkaut, während die langen liegen bleiben. Es ist klar, dass so ein Fressverhalten Verdauungsschwierigkeiten herbeiführt.

Solche Zahnerkrankungen kann man verhindern. Zum einen durch ständige Beobachtung und Kontrolle. Bei den ersten Anzeichen einer Zahnerkrankung sollte man sich das Maul und die Zähne selbst genau anschauen. Dazu wird mit der linken Hand der Unterkiefer des Pferdes gefasst und mit der rechten in das Maul. Dann zieht man die Zunge seitlich heraus und hält sie fest. So hält das Pferd still, und man kann sich in Ruhe – am besten mit Hilfe einer Taschenlampe – die Zähne anschauen. Sind die Zähne scharfkantig, dann muss der Tierarzt kommen. Grundsätzlich gilt: Genauso wie wir jedes Jahr einmal zur Kontrolle zum Zahnarzt gehen, sollten wir auch unser Pferd untersuchen lassen. Das beugt vor und erspart dem Pferd vielleicht Zahnschmerzen.

Oft kann man mit einem ganz einfachen Test schon feststellen, dass etwas mit den Zähnen nicht stimmt. Dabei streichelt man mit der flachen Hand an den Seiten des Pferdekopfes entlang. Wenn die Schleimhäute im Maul verletzt sind, wird das Pferd seinen Kopf sofort wegdrehen, weil es Schmerz empfindet. Aber auch schlechter Geruch aus dem Maul oder Kopfschlagen können Hinweise sein.

Die Zahnbehandlung, die der Tierarzt macht, tut dem Pferd kaum weh. Es bekommt ein Beruhigungsmittel, damit die Behandlung in Ruhe durchgeführt werden kann. Schmerzen hat das Pferd weder beim Raspeln oder Abschleifen noch danach. Bei Pferdezähnen liegen die Nervenstränge unterhalb des Zahnfleisches. Die Kauflächen mit den scharfen Kanten sind oberhalb dieser Linie, und das Pferd spürt beim Abschmirgeln keine Schmerzen.

Kolik

Kolik ist eine Sammelbezeichnung für Schmerzen, die im Magen- und Darmbereich des Pferdes auftreten.

Die Anzeichen einer Kolik bemerkt man sehr schnell. Ein Pferd hat Kolik, wenn es das Futter verweigert, schwitzt, mit den Hufen scharrt, mit den Hinterbeinen an den Bauch tritt, den Kopf zu den Flanken dreht, sich abwechselnd hinlegt und wieder aufspringt oder verkrampft wälzt.

Eine Kolik bekommen Pferde immer durch falsche Fütterung.

Der Pferdemagen und -darm ist darauf eingestellt, den ganzen Tag über kleine Futtermengen aufzunehmen. Der Magen fasst nur etwa 10–15 Liter, im Gegensatz zum Pansen der Kuh, der ein Volumen von ungefähr 180 Liter hat. Am besten arbeitet die Verdauung, wenn der Magen des Pferdes zu knapp zwei Dritteln gefüllt ist. Frisst das Pferd zu viel, ist der Magen überladen. Das kann schon eine Kolik auslösen. Denn ein Schließmuskel verhindert am Magen, dass das Futter wieder zurück in Richtung Speiseröhre und Maul fließt. Ein Pferd kann also nicht erbrechen. Der Nahrungsweg ist eine Einbahnstraße, jede aufgenommene Nahrung muss den Körper durchwandern. Die Ursachen für eine Kolik können vielfältig sein: zu rasche und krasse Futterumstellung, angeschimmeltes Heu, Aufnahme von grünen oder getrockneten Giftpflanzen. Aber auch Stress, Überanstrengung, Wetterumschwung, Würmer oder mangelhafte Bewegung begünstigen eine Kolik.

Diese Ursachen rufen einen Schmerz im Magen- und Darmbereich hervor, sodass sich die Muskeln verkrampfen. Der Futterbrei staut sich, bildet Gase und verstärkt den Schmerz und die Krämpfe noch. Dieser Zustand verschlimmert sich zusehends.

Deshalb muss bei einer Kolik sofort der Tierarzt kommen. Er spritzt zunächst ein Schmerzmittel mit krampflösender Wirkung. Bei einer schweren Kolik löst er zum Beispiel eine Verstopfung aus, indem er dem Pferd Paraffin mit der Nasenschlundsonde einflößt. Meistens genügt es aber, wenn man das Pferd herumführt, den Bauch massiert und einfach abwartet.

Viele Leute sind der Meinung, dass sich ein Pferd bei Koliken nicht wälzen darf, weil dadurch eine Darmverschlingung entsteht.

Die meisten Tierärzte sehen das anders. Für sie ist Wälzen die natürliche Art des Pferdes, seine Schmerzen zu lindern. Durch die Lage auf der Seite und auf dem Rücken wird der Körper entspannt, und dadurch werden die Schmerzen erträglicher.

Allerdings verschwinden dadurch nicht die Beschwerden. Hilfe von einem Tierarzt braucht das Pferd dann trotzdem.

Was Pferdeäpfel verraten

Pferdeäpfel sind die nicht verwerteten Reste der Nahrung, die nach der Verdauung im Darm übrig bleiben. Die Darmmuskulatur hat sie zu einzelnen festen Kugeln geformt, die sich dann als Pferdeäpfel auf der Weide oder im Stall übereinander türmen.

Der Kot kann sich in der Farbe oder der Festigkeit verändern oder auch unverdautes Futter, wie zum Beispiel ganze Haferkörner, enthalten. Leichte Veränderungen hängen meistens von der Zusammensetzung des Futters ab. Pferde, die auf einer Weide frisches Grünfutter fressen, haben weichen und grünlichen Kot. Wachsen aber nur harte und holzige Pflanzen, sind die Pferdeäpfel trockener.

Auffällige Veränderungen der Pferdeäpfel sind hingegen ernst zu nehmen. Bei sehr hartem Kot kann die Ursache sein, dass das Pferd zu wenig trinkt. Auch bei Fieber oder großem Wasserverlust oder starkem Schwitzen sind die Pferdeäpfel sehr trocken.

Sind bei Pferden, die Getreide fressen, viele ganze Körner im Kot, kann das verschiedene Ursachen haben. Vielleicht frisst das Pferd zu hastig und speichelt sein Futter nicht genug ein. Da hilft ein Trick: Man schüttet etwas Wasser über den Hafer. Dann kann das Pferd sein Futter nicht mehr so leicht hinunterschlingen. Ein anderer Grund kann aber auch sein, dass die Zähne nicht gesund sind.

Weicher, matschiger Kot oder sogar Durchfall weisen meist auf eine Erkrankung im Darmtrakt hin. Aber auch Stress, Nervosität oder Würmer können die Ursache sein.

Erkrankungen der Bewegungsorgane

Ausreichende Bewegung ist für das Lauftier Pferd sehr wichtig, damit es gesund bleibt. Besondere Bedeutung hat dabei die Pflege und Kontrolle der Hufe. „Ohne Huf kein Pferd" heißt nicht umsonst eine alte Reiterweisheit.

Die Strahlfäule

Bei der Strahlfäule zerstören Bakterien Teile des weichen Strahlhorns. Es entsteht eine stinkende, weiche Masse, die sich immer weiter ausbreitet und den Huf schädigt, wenn man sie nicht behandelt.

Schlecht ausgemistete Ställe oder Ausläufe, in denen die Pferdeäpfel liegen bleiben und sich bei Regen Jauche und fauliger Matsch bilden, sind die Brutstätten dieser Fäulnisbakterien.

Mit einer Wurzelbürste, klarem Wasser und etwas Schmierseife kann man die Hufunterseite gründlich pflegen. Wenn faule Ecken oder Taschen entstehen, muss man sie mit dem Hufmesser entfernen, damit Luft drankommt! Dann spritzt man mit einer Einwegspritze ohne Nadel Jodoform oder ähnliche Mittel aus der Apotheke in den Hornspalt und stopft ihn mit Watte zu. Man darf aber nicht vergessen, das Messer dann zu desinfizieren, damit nicht andere Pferde angesteckt werden. Meistens klingt die Huffäule nach einigen Behandlungen wieder ab. Solange faule Stellen vorhanden sind, dürfen der Strahl oder die Sohle nicht mit Hufteer verkleistert sein. Hufteer schließt luftdicht ab, und unter dieser Schicht verbreiten sich weiterhin Bakterien.

Das Hufgeschwür

Die Bezeichnung Hufgeschwür hört sich schlimmer an, als diese Erkrankung wirklich ist.

Es ist eine Eiteransammlung innen im Huf. Diese eitrige Entzündung drückt auf die empfindliche Huflederhaut. Das Pferd lahmt und hat Schmerzen. Hufgeschwüre entstehen durch kleine spitze Steinchen, die durch die weiße Linie oder den Sohlenrand ins Innere des Hufes wandern. Dort entzünden sich die Druckstellen durch Bakterien.

Hufgeschwüre kann man besonders im Anfangsstadium nur schwer erkennen. Wenn ein Pferd lahm geht, wird oft die Ursache in der Schulter gesucht. Aber meist liegt der Grund im Huf. Schon an der Bewegung des Pferdes merkt man, dass es das Körpergewicht auf den gesunden Fuß verlagert.

Der kranke Huf ist warm, und in den Fesselarterien klopft das Blut spürbar. Das kann man mit der Hand fühlen. Es gibt eine einfache Möglichkeit, den Entzündungsherd im Huf aufzudecken. Dazu rührt man etwas Lehm mit Wasser an und bestreicht die Unterseite des Hufes damit. Die Stelle, unter der das Geschwür ist, wird durch die Wärmeausstrahlung der Entzündung zuerst trocknen. Tierärzte nehmen für Hufuntersuchungen meist die spezielle Hufzange, mit der sie auf verschiedene Punkte der Hufsohle drücken, bis sie merken, wo das Pferd Schmerzen empfindet.

Es gibt mehrere Möglichkeiten, ein Hufgeschwür zu behandeln. Erfahrene Tierärzte lassen das Hufgeschwür erst reifen, damit der Eiter der Entzündung auch auf einmal abfließen kann. Dazu stellen sie fest, wo der Herd genau sitzt, und schneiden dann mit dem Messer ein kleines Loch in die Sohle. Danach wird die Stelle desinfiziert und das Loch mit Watte oder mit einem Verband abgedeckt. Manchmal bricht das Hufgeschwür am Kronenrand selbst durch die Hufwand. Dieser Riss wächst mit der Zeit am Huf herunter.

Die Hufrehe

Die Hufrehe ist eine Stoffwechselkrankheit, die sich sehr schmerzhaft auf die Hufe auswirkt.

Die Ursachen können Eiweißüberfütterung auf fetten Weiden im Frühjahr, zu viel Kraftfutter, Vergiftungen, Überbeanspruchung oder krasser Futterwechsel sein.

Das Pferd steht dann in der typischen Rehestellung. Es schiebt die meist stärker betroffenen Vorderfüße weit nach vorne, um sie zu entlasten und Schmerzen zu lindern. Die Hufe sind warm, und der Puls an den Fesselarterien schlägt schneller.

Bei der Hufrehe muss man sofort den Tierarzt rufen und in der Zwischenzeit die Hufe kühlen. Wenn ein Bach in der Nähe ist, führt man das Pferd langsam hinein. Oder man stellt die Vorderbeine in Eimer mit kaltem Wasser.

Der Tierarzt kann Hufrehe mit verschiedenen Methoden behandeln. Viele Tierärzte gehen schon dazu über, Hufrehe mit homöopathischen Heilmitteln zu behandeln. Diese Medikamente haben keine Nebenwirkungen.

Es ist auch möglich, einen Rehebeschlag aus Eisen oder die schonenden Hufschuhe einzusetzen.

Hufeisen oder barfuß?

Es ist immer besser, wenn Pferde barfuß, ohne Hufeisen, gehen. Eine natürliche Abhärtung der Hufe, am besten schon als Fohlen, auf verschieden hartem Boden hält die Hufe gesund.

Trotzdem gehen die Meinungen von Fachleuten über den Sinn und Unsinn von Hufeisen weit auseinander.

Während manche Fachleute der Meinung sind, dass von zehn Pferden höchstens zwei oder drei keine Eisen brauchen, behaupten andere, dass jedes Pferd bei den heutigen Anforderungen im Freizeitreiten barfuß laufen kann. Bei der Umstellung von Hufeisen auf Barfußgehen muss sich ein Pferd erst an das neue Gehgefühl anpassen. Die Hufe müssen durch besonderes Training, Pflege und Beobachtung auf die neue Situation eingestellt werden.

Jeder muss für sich und sein Pferd das Richtige ausprobieren und Erfahrungen machen. Die Möglichkeiten dazu sind viel größer, als man denkt. Es gibt Hufschuhe, die man bei Ritten über Schotter, Geröll oder Asphalt anschnallen kann. Es gibt Kunststoffbeschläge und anklebbare Plastikalternativen. Und es gibt außer Hufschmieden auch Hufpfleger und Huforthopäden, die Reiter und Pferdebesitzer beraten.

Beulen an den Beinen

Alle Veränderungen an den Gelenken, die durch Abtasten erfühlbar sind und das Pferd so schmerzen, dass es lahmt, muss der Tierarzt behandeln. Dabei gibt es weniger schwere Fälle, wie zum Beispiel Überbeine. Das sind Auswüchse der Knochenhaut, die zwar anfangs schmerzen, später aber verknöchern und nicht mehr wehtun. Sie sind dann eigentlich nur noch Schönheitsfehler, solange sie nicht auf die Sehnen drücken.

Ernster ist die Schale, die bei einer Überanstrengung der Gelenke entsteht. Es ist eine Knochenwucherung, die durch Reibung an den Gelenkknochen oder Druck auf die Sehnen die Schmerzen auslöst.

Der Spat ist eine Knochenauftreibung an der Innen

seite des Sprunggelenks und für das Pferd sehr schmerzhaft. Bei Verdacht auf Spat kann man eine Spatprobe machen: Ein Helfer winkelt das betroffene Hinterbein etwa zwei Minuten lang an. Danach führt er das Pferd im Trab herum. Ein Pferd, das an Spat erkrankt ist, lahmt dann. Nach einiger Bewegung kann das Lahmen wieder abklingen.

Sehnenzerrungen

Größere Anstrengungen, wie lange Ritte oder Galoppstrecken, erfordern kräftige Muskeln. Eine gute Muskulatur bekommen Pferde nur durch viel Bewegung und Training. Denn die Sehnen an den Pferdebeinen werden durch die Muskulatur in Spannung gehalten. Ermüden die Muskeln leicht, kann die Sehne überbeansprucht oder gezerrt werden. Bei einer Überdehnung schwillt der Sehnenbereich an und wird heiß. Eine Zerrung ist meist nicht äußerlich erkennbar, außer durch das Lahmgehen des Pferdes. Die schlimmste Form ist eine Sehnenzerreißung. Wird sie schnell erkannt und behandelt, ist eine Heilung möglich.

Die Galle

Man unterscheidet zwischen weichen und harten Gallen. Die weiche Galle enthält Gelenkflüssigkeit, umgeben von einem Schleimhautsack, und ist in der Regel nicht schmerzhaft oder störend für das Pferd. Durch Kühlung mit kaltem Wasser und Einreibungen können weiche Gallen gleich behandelt werden. Die harte Galle ist eine Weiterentwicklung zu verdicktem Gewebe. Sie schränkt die Bewegungsfähigkeit des Gelenks ein und ruft Entzündungen hervor. Meist liegen die Ursachen darin, dass das Pferd zu stark beansprucht wird.

Ein Gipsbein fürs Pferd

Wenn ein Pferd nach einem Sturz sehr stark lahmt und sein Gewicht nur auf drei Beine stützt, kann ein Knochenriss oder ein Bruch entstanden sein.

Der verletzte Bereich schwillt sofort stark an und erzeugt bei Berührung Schmerzen. Während früher ein Pferd nach einem solchen Unfall erschossen oder eingeschläfert wurde, kann es heute in vielen Fällen beim Pferdefachtierarzt heilen. Man sollte zunächst einen Notverband anlegen. Er kann aus einem längeren Stock bestehen, der mit Tüchern als Schiene am Bein befestigt ist und dieses erst einmal ruhig stellt. Dann wird der Tierarzt seine Diagnose stellen.

Für den Transport des Pferdes in den Stall oder eine Tierklinik muss das Bein neu geschient werden. Man kann ein mit Federn gefülltes Kopfkissen als Polsterung um das verletzte Bein legen und dann eine Holz- oder Metallschiene fest darüber bandagieren.

Ein Knochenriss heilt bei absoluter Schonung in ungefähr acht Wochen. Beim Knochenbruch ist alles viel schwieriger. Das Hauptproblem ist die längere Heilungsdauer. In dieser Zeit braucht das erkrankte Bein Schonung und Ruhe. Das ist für das Bewegungstier Pferd eine harte Probe. Jede zu frühe Belastung kann die Heilung unterbrechen und die Bruchstelle wieder öffnen.

Umtausch garantiert

Im Gesetz sind sechs Gesundheitsmängel des Pferdes aufgeführt, die jeder Verkäufer eines Pferdes dem Käufer sagen muss.

Verschweigt er so einen Mangel, dann kann der Käufer den Kauf innerhalb von 14 Tagen rückgängig machen. Der Tierarzt wird allerdings bei der Ankaufsuntersuchung bereits die Mängel bemerken.

Die Haupt- oder Gewährsmängel sind:

- Dämpfigkeit; das ist eine chronische und im Endstadium unheilbare Lungen- und Herzerkrankung, ähnlich dem Asthma beim Menschen. Ist die Krankheit sehr weit fortgeschritten, zeigt sich allmählich am Pferderumpf eine längliche Vertiefung, die so genannte Dampfrinne. Diese Rinne entsteht, weil ein großer Teil der Lungenbläschen verklebt ist und deshalb die Bauchmuskeln helfen müssen, die Luft aus der Lunge zu pressen.
- Dummkoller; das ist eine unheilbare Krankheit, hervorgerufen durch eine Gehirnwassersucht. Das Pferd bekommt Bewusstseinsstörungen und verliert öfter das Gleichgewicht.

- Kehlkopfpfeifen; das ist eine chronische Atemkrankheit. Das Einatmen wird immer von einem pfeifenden Ton begleitet. Das Pferd ist jetzt nicht voll belastbar.
- Koppen; das ist ein Verhalten, das oft durch Langeweile ausgelöst wird. Das Pferd schluckt Luft mit glucksenden Geräuschen. Es gibt Krippensetzer, die an die Futterkrippe oder einen Holzbalken die Schneidezähne pressen und Luft schlucken. Dabei schleifen sich die Schneidezähne ab. Die Freikopper brauchen zum Luftschlucken keine Hilfsmittel.
- Periodische Augenentzündung; diese Erkrankung nennt man auch Mondblindheit, weil sie in regelmäßigen Abständen – meist alle vier bis sechs Wochen – auftritt. Das Auge tränt dann und ist sehr lichtempfindlich. Die getrübte Hornhaut führt zur Erblindung, wenn das Pferd nicht frühzeitig von einem Tierarzt behandelt wird.
- Rotz; dieser Hauptmangel wird zwar immer noch im Gesetz aufgeführt, die Krankheit tritt aber in Europa nicht mehr auf. Diese Erkrankung ist unheilbar und endet immer mit dem Tod des Pferdes.

Giftige Pflanzen

Achtung, Giftpflanzen!

Es gibt verschiedene Arten von unerwünschten Pflanzen auf der Pferdeweide:

- Pflanzen, die für Pferde nicht giftig sind, aber leicht überhand nehmen
- Pflanzen, die grün für Pferde giftig sind, aber als Heu ungefährlich
- Pflanzen, die unbekömmlich oder sogar stark giftig für Pferde sind

Zu den ungiftigen, aber wuchernden Pflanzen gehören Disteln, Brennnesseln und der Große Ampfer. Brennnesseln kann man abmähen. Disteln reißt man aus. Da immer kleine Wurzelstückchen in der Erde bleiben, werden sie nicht ausgerottet, aber sie nehmen auch nicht überhand. Den Großen Ampfer muss man vor der Blüte abmähen. Das Ausreißen bleibt erfolglos, da die weit verzweigten Wurzeln bis tief in die Erde reichen. Brennnesseln und Disteln lassen Naturfreunde in einer Ecke am Rand der Weide auf jeden Fall stehen, da beide Pflanzen viele Schmetterlingsarten ernähren.

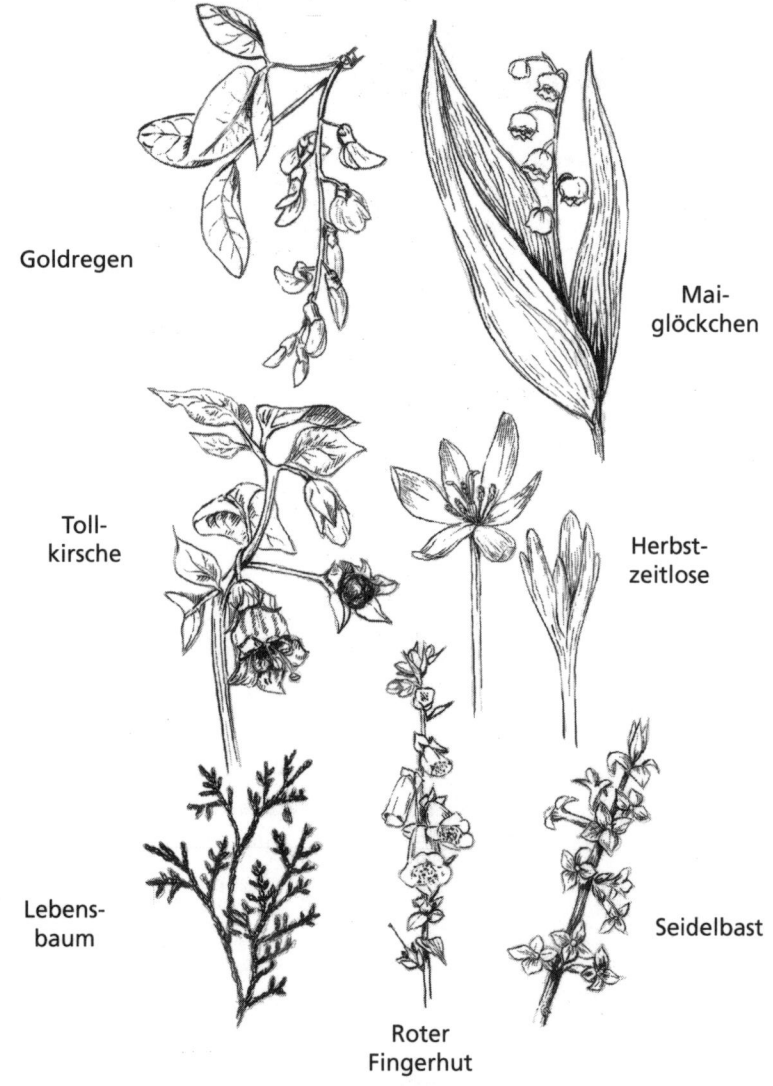

Goldregen

Mai-
glöckchen

Toll-
kirsche

Herbst-
zeitlose

Lebens-
baum

Seidelbast

Roter
Fingerhut

Zu den nur grün giftigen Pflanzen gehört der Scharfe Hahnenfuß, dessen gelbe Blüten im Frühjahr auf fetten und feuchten Wiesen leuchten. Im frischen Zustand wird er von Pferden gemieden und ist giftig. Im Heu getrocknet, ist er für Pferde nicht giftig.

Die Giftpflanzenarten, die für Pferde gefährlich oder sogar tödlich sind, sind leider sehr zahlreich.

Die meisten Leute denken: „Mein Pferd weiß schon, was es fressen darf!" Im Großen und Ganzen mag das stimmen. Aber Futtermangel oder Langeweile setzen diesen natürlichen Instinkt leicht außer Kraft.

Genauso gefährlich ist es, abgeschnittene Giftpflanzen liegen zu lassen. In den meisten Vergiftungsfällen hat das Pferd angewelkte Giftpflanzen gefressen. Stehen die Pferde in der Nähe von Häusern mit Vorgärten, muss man besonders vorsichtig sein, denn in den meisten Gärten gibt es sehr viele für Pferde giftige Pflanzen, Büsche und Bäume. Am gefährlichsten ist die Eibe, eine Nadelholzart, die bei uns selten als Baum, häufiger aber als Hecke wächst. Schon an einem Maul voll dieser Pflanze vergiftet sich ein Pferd tödlich. Bei den ersten Anzeichen einer Eibenvergiftung ist es für eine Behandlung bereits zu spät, weil die Giftstoffe zu schnell wirken. Nach kurzer Zeit ist das Pferd an der Unterlippe und am Schweif gelähmt. Es schwankt und bekommt

Muskelzittern und Krämpfe. Dann versagen der Kreislauf und das Herz.

Neben der Eibe sind die Blätter des Roten Fingerhutes und des Buchsbaumes hochgiftig. Beim Fingerhut genügen schon geringe Mengen, beim Buchsbaum sind ungefähr 750 Gramm tödlich.

Weitere Giftpflanzen sind Liguster, Efeu, Sumpfschachtelhalm, Tollkirsche, Lebensbaum, Farnkraut, Herbstzeitlose, Stechapfel, Buchsbaum, Goldregen, Bingelkraut, Schwarzes Bilsenkraut und dessen Rinde, die Blätter und das Laub der Falschen Akazie, die auch Weiße Robinie heißt.

Wie schwer eine Vergiftung ist, hängt von der Menge der gefressenen Pflanzen, dem Alter des Pferdes, seinem Körpergewicht und seiner gesundheitlichen Verfassung ab. Eine Schwierigkeit liegt darin, dass diese Vergiftungen oft keine eindeutigen Anzeichen hervorrufen. Von Kreislaufbeschwerden, Schweißausbrüchen, Gleichgewichtsstörungen bis zu Lähmungen, Krämpfen, Koliken, Durchfall oder Verstopfung reicht das Krankheitsbild.

Andererseits gibt es bei Pflanzengiften keine Impfstoffe als Gegengift, wie etwa bei Schlangenbissen. Deshalb beruhigt der Tierarzt durch Medikamente den Kreislauf, löst die Krämpfe und gibt dem Pferd medizinische Kohle ein, die das Gift im Darm bindet.

Es ist also wichtig, die Pflanzen zu kennen, die auf einer Pferdeweide oder am Zaun wachsen.

Das heißt natürlich nicht, dass man alle mehr oder weniger giftigen Pflanzen herausreißt und vernichtet. Hecken oder Bäume wie die Robinie müssen so abgetrennt und durch Zäune geschützt werden, dass sie für Pferde unerreichbar sind. Andere Pflanzen setzt man um, an für Pferde weit entfernte, aber geeignete Standorte. Dabei muss man sehr vorsichtig sein, denn viele der Pflanzen sind auch für uns Menschen giftig und wirken schon bei kurzer Berührung. Am besten zieht man Handschuhe an.

Eine genaue Kontrolle und die Kenntnis der Pflanzen auf der Weide ist für Reiter und Pferdebesitzer sehr wichtig, denn Pferde fressen auch giftige Pflanzen. Das tun sie hauptsächlich dann, wenn sie auf der Weide zu wenig Futter finden oder sich langweilen.

Die Kenntnis von Giftpflanzen ist also für Pferdehalter von großer Bedeutung. Leider wird er oft bei Vergiftungserscheinungen des Pferdes nicht wissen, welche giftige Pflanze sein Pferd gefressen hat.

Wenn das Tier teilnahmslos, müde oder mit Lähmungen auf der Weide steht, kann als erste Hilfe eine Behandlung mit schwarzem Kaffee helfen. Dazu flößt man dem Pferd etwa einen Liter Kaffee mit einer Flasche ein.

Ist das Pferd dagegen stark erregt und zittert, darf es auf keinen Fall Kaffee bekommen. Dann muss man sofort den Tierarzt holen!

Im Folgenden sind etliche Giftpflanzen und ihre Vergiftungserscheinungen bei Pferden aufgeführt:

Pflanze	*Vergiftungserscheinungen*
Eibe	Schon geringe Mengen führen zur Herzlähmung und zum Tod.
Robinie (Falsche Akazie)	Kolik, Herzschwäche, Hufrehe
Seidelbast	Schon geringe Mengen sind tödlich.
Buchsbaum	Etwa ein Kilo Blätter ist tödlich.
Herbstzeitlose	In kleinen Mengen löst sie Koliken aus, in größeren Atemlähmung.
Sumpfschachtelhalm	Lähmungen, Taumeln
Stechapfel	Erregung, Taumeln
Lebensbaum	Kolik, Durchfall, Leberschäden
Nachtschatten	Magen-, Darmstörungen

Fingerhut	Schweißausbrüche, Kreislaufstörungen
Hahnenfuß	Darmstörungen, Nierenentzündung, Hufrehe
Oleander	Kolik, Durchfall, Herzschwäche
Rhododendron	blutiger Durchfall, Krämpfe, Speicheln
Schierling	Muskelkrämpfe, Lähmungen
Pfaffenhütchen	Durchfall, Kreislaufstörungen, Krämpfe
Goldregen	Durchfall, Krämpfe
Buschwindröschen	Entzündung von Darm und Nieren, Herzschwäche
Bilsenkraut	Kolik, Lähmungen
Blauer Eisenhut	Kolik, Durchfall und Nierenentzündung
Adonisröschen	Kolik, Darm- und Herzstörungen
Stieleiche	Junge Eicheln lösen Verstopfung aus
Tabak	Erregung, Lähmungen, Kolik

Tollkirsche	Schweißausbrüche, Lähmungen, Pupillenerweiterung
Wicken	Schweißausbrüche, Gelbsucht, Hufrehe

 ## Die Mückenplage

Mit den ersten feuchtwarmen Tagen im Jahr kommen auch die Mücken und umschwirren die Pferde. Die zucken mit den Ohren, schlagen den Schweif hin und her und treten mit den Hinterbeinen wütend an den Bauch, um die Mücken zu verjagen.

Im Frühjahr und auf feuchten Wiesen oder in der Nähe von Bachläufen piesacken Mücken die Pferde an empfindlichen Stellen: an Augen, Brust, Euter und Schlauch. Um die Augen kann man ein Heilkraut auftragen, das fast auf jeder Weide bei der Hand ist: die Schafgarbe. Man pflückt einige Blätter ab, zerreibt sie zu Brei und schmiert sie vorsichtig um die Augen herum. An den anderen Körperstellen hilft dick aufgetragenes Melkfett, das man im Landwirtschaftshandel erhält.

Wenn im Sommer die Fliegen- und Mückenplage unerträglich wird, stehen Pferde gern in einem dunklen Unterstand oder wedeln sich gegenseitig mit dem Schweif die Fliegen vom Gesicht. Deshalb ist es günstig, wenn eine gerade Anzahl Pferde auf der Koppel ist, damit jeder einen Partner findet. Ideal ist es, wenn ein Walnussbaum auf der Weide steht. Fliegen und Mücken mögen diesen Geruch nicht, und die Pferde haben so einen natürlichen Schutz.

Manche Pferde leiden besonders beim Ausreiten unter Mücken und Fliegen. Da hilft zum Beispiel ein Vorhang aus Lederfransen, um das Gesicht zu schützen. Man kann ihn kaufen oder auch selbst basteln.

Im Reitsportgeschäft bekommt man gehäkelte Hauben als Fliegenschutz, die auch die Ohren schützen.

Bastelanleitung für ein Mückenband

Material:
das Lederstirnband eines Kopfstücks
eine Lochzange
ungefähr 10 Lederbändchen mit ca. 70 cm Länge
(bei Ponys nur 50 cm)

So wird's gemacht:

Mit der Lochzange stanzt man in der Mitte der Lederriemen jeweils zwei Löcher, die dicht nebeneinander liegen. Dann werden die Lederschnüre durch die Löcher gezogen. Dabei lässt man eine Schlaufe (siehe Zeichnung), durch die die Bändchen dann geführt und festgezogen werden.

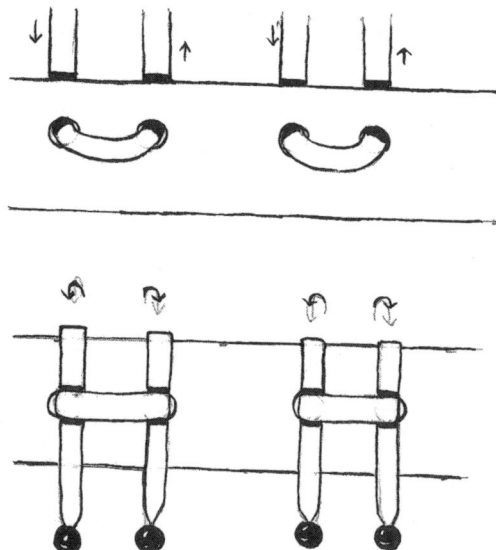

Duftmischungen gegen Fliegen

Es gibt viele Tipps und Hausrezepte, die Mücken von den Pferden fernhalten sollen.

Manche mischen fein geschnittenen Knoblauch unter das Futter oder schütten etwas Obstessig in das Trinkwasser. Die Körperausdünstung soll die Fliegen und Mücken fernhalten. Die Sache hat allerdings oft einen Haken: Viele Pferde mögen nämlich weder Knoblauch noch Obstessig.

Für alle diese Tipps gilt: Man muss bei jedem Pferd ausprobieren, welche Methode am besten funktioniert. Das gilt auch für die im Handel erhältlichen Fliegenschutzmittel, wobei man darauf achten muss, dass sie nur ungefährliche Stoffe (ätherische Öle) enthalten.

Eine Duftmischung kann man auch selbst herstellen.

Zutaten für ungefähr einen Liter:

ein halber Liter Wasser
ein halber Liter Obstessig
15 Tropfen Walnussschalenöl aus der Apotheke
15 Tropfen Zedernholzöl
15 Tropfen Lavendelöl
20 Tropfen Nelkenöl

Alle Zutaten werden gut vermischt und in eine Flasche gefüllt. Vor einem Ausritt tupft man die empfindlichen Stellen – wie Hals, Brust, Bauch des Pferdes – mit der Mischung ab. Der Duft verfliegt zwar nach einiger Zeit, aber für einen Ausritt reicht er meistens aus.

Pferdehaltung

Der tägliche Umgang mit Pferden

Pferde leben in der Obhut der Menschen unter beengten Bedingungen. Ursprünglich streiften sie in Herden frei umher. Dieser Bewegungsdrang und das Leben in der Gemeinschaft bestimmen das instinktive Verhalten von Pferden auch heute noch.

Deshalb sind Pferde, die in Boxen leben und jeden Tag nur für eine Stunde geritten werden, schreckhaft und nervös oder träge und abgestumpft.

Das lässt sich vermeiden, wenn Pferde ihrer Natur gemäß gehalten werden. Zufriedene und ausgeglichene Tiere sind umgänglicher und eher bereit, auf die Wünsche und Vorstellungen ihres Reiters einzugehen.

Auch eine vernünftige und sinnvolle Grundausbildung des Pferdes ist für die Partnerschaft zwischen Pferd und Reiter wichtig, damit der tägliche Umgang reibungslos und ohne Machtkämpfe abläuft. So sollte das Aufhalftern und Auftrensen, das Stillstehen beim Putzen und Hufauskratzen oder das Führen mit dem Strick ohne Probleme vonstatten gehen. Genauso wichtig ist ein ruhiger, aber bestimmter Umgangston. Je besser die Verständigung zwischen Mensch und Pferd ist, umso seltener gibt es Missverständnisse.

Es ist leicht gesagt, dass wir immer ruhig, nett und

freundlich auf unser Pferd zugehen müssen. Jeder hat mal schlechte Laune, Ärger zu Hause oder Streit mit Freunden und Freundinnen. Mit einer Wut im Bauch sollte man jedoch nicht zu seinem Pferd gehen. Denn in gereizter Stimmung ist man leicht ungerecht und zerstört damit das Vertrauen des Pferdes. Manchmal hat man schon bessere Laune, wenn man sich einfach ein paar Minuten an den Weidezaun setzt und von weitem den Pferden zuschaut. Vielleicht löst sich dann schon alle Wut und schlechte Laune einfach in Luft auf. Andererseits sollten wir uns auch nicht verstellen, denn auch Pferde haben mal einen schlechten Tag und akzeptieren es im Allgemeinen, wenn wir mal nicht gut gelaunt sind.

An solchen Tagen sollten wir keine schwierigen Aufgaben üben, weil sie schnell in Machtproben und Streit ausarten. Für die Ausbildung von Pferden brauchen wir gute Laune und Gelassenheit.

Aber auch die Pferde brauchen gute Lebensbedingungen, damit sie gute Laune haben. Pferdegesellschaft, genügend Bewegung und eine große Weide machen Pferde glücklich. Das heißt natürlich nicht, dass man sie einfach auf eine Wiese stellt und sich weitgehend selbst überlässt. Auch die Offenstallhaltung oder ähnliche Formen der Pferdehaltung müssen genau geplant werden und machen eine Menge Arbeit.

Was heißt artgerecht?

Sehr oft hört man den Begriff „artgerechte Tierhaltung".
Trennen wir das Wort artgerecht in seine beiden Bestandteile, so haben wir Art und gerecht.

Mit Art ist die betreffende Tierart gemeint. Gerecht
könnte man mit „entsprechend" umschreiben. So heißt
dann „artgerecht": so leben, wie es der Tierart entspricht.

Das Pferd steht als Haus- oder Nutztier unter der Obhut und Kontrolle des Menschen und lebt so natürlich
unter anderen Bedingungen, als sie in der freien Natur
gegeben sind.

Deshalb ist der Begriff „artgerechte Tierhaltung"
eigentlich falsch und ein Widerspruch in sich. Denn
„Haltung" heißt festhalten und über ein Tier bestimmen, im Gegensatz zum Freilassen und zum selbstbestimmten Leben eines Tieres. Die „artgerechte Tierhaltung" ist also lediglich ein Kompromiss. Sie kommt im
besten Falle den natürlichen Bedürfnissen des Pferdes
nahe und kann sie so weit wie möglich berücksichtigen. Für Pferde heißt das ein Leben in Pferdegesellschaft
mit täglichem Auslauf. Nur so können sie ihre Sinne,
die Muskeln, das Herz und die Lunge ausreichend belasten und trainieren.

Bedingungen für die Pferdehaltung

Sehr gut:

Die Pferde leben in einer Gruppe ständig zusammen. Es sind genügend große Sommerweiden vorhanden. Auch im Winter leben die Pferde im Offenstall oder in Boxen mit angrenzenden Ausläufen, und es stehen auch Winterweiden zur Verfügung.

Die Bezugspersonen haben ständig Kontakt mit ihren Pferden und werden von der Herde respektiert.

Gut:

Leichte Einschränkungen der oben genannten Bedingungen. Zum Beispiel, wenn keine Winterweiden vorhanden sind.

Zufrieden stellend:

Ganzjährige Offenstallhaltung mit angrenzendem Auslauf, aber nur stundenweisem Weidegang, da wenig Wiesen zur Verfügung stehen.

Schlecht:

Stallhaltung mit wenig Auslaufmöglichkeiten außer dem Reiten. Weidegang ist selten.

Putzstunde

Menschen und Pferde haben oft unterschiedliche Vorstellungen von Körperpflege und Reinlichkeit.

Während wir ein sauberes und glänzendes Pferd am schönsten finden, sieht ein Pferd das ganz anders. Es legt sich mit großem Vergnügen auf den Boden und wälzt sich in Staub, Sand oder feuchter Erde. Dann springt es auf und schüttelt sich heftig, sodass feine Haare, Erdklumpen und Staub durch die Luft fliegen und das Pferd in eine dichte Wolke hüllen.

Wenn jetzt immer noch das Fell juckt, reibt sich das Pferd an rauen Baumstämmen. Der nächste Regenschauer schwemmt die Schlammreste wieder aus dem Fell und macht es schön weich.

Auch untereinander betreiben Pferde ausgiebig Fellpflege. Mit Zähnen und Lippen massieren sie sich gegenseitig die Haut und entfernen dabei verfilzte Haarbüschel.

Je weniger natürliche Möglichkeiten Pferde haben, sich auf diese Art selbst zu pflegen, umso mehr muss der Mensch mit Schwamm, Bürste und Striegel bei der Fellpflege nachhelfen. Dazu kommt noch, dass Reit- und Arbeitspferde eine besondere Pflege brauchen.

Das Putzen erfüllt mehrere Aufgaben:

- Es unterstützt den Fellwechsel. Lose Haare werden ausgekämmt und die Haut massiert.
- Durch das Putzen entsteht ein Körperkontakt zwischen Mensch und Pferd, der die gegenseitige Zuneigung verstärkt.
- Es ist wichtig, ein Pferd vor dem Reiten und auch danach zu putzen.
- Damit unter der Satteldecke keine Druck- oder Scheuerstellen entstehen, muss man vor dem Reiten den Rücken des Pferdes besonders gründlich putzen.
- Beim Schwitzen verkleben Fellteile, die mit dem Schwamm oder Schlauch und Wasser abgewaschen werden, damit die Haut atmen kann und die Haare nicht verfilzen.

Zum Putzen gibt es unzählige Artikel, die man in Reitsportgeschäften kaufen kann. Eine gute Grundausrüstung ist empfehlenswert.

Zum Waschen braucht man einen Putzeimer für Wasser oder einen Wasserschlauch, der direkt an einen Wasserhahn angeschlossen wird; einige Schwämme, die jeweils für das Gesicht, den Körper und den Bereich der Geschlechtsteile benutzt werden.

Nach dem Waschen drückt man mit einem Schweißmesser das überschüssige Wasser aus dem Fell. Dazu braucht man noch eine Wurzelbürste, um die Hufe abzuschrubben.

Zum Auskämmen des Fells eignen sich gut ein Gummihandschuh mit Noppen und ein Plastikstriegel. Für den „Feinputz" nimmt man eine Kardätsche. Das ist eine ovale Bürste mit Naturborsten, Holzboden und einer Lederschlaufe, damit sie gut in der Hand liegt.

Die langen Haare der Mähne und des Schweifs muss man besonders sorgfältig pflegen.

Dabei wird das Langhaar, also Schopf, Mähne und Schweif, zunächst vorsichtig mit der Bürste gereinigt, bis die Haare locker und glatt herunterfallen. Mit dem Mähnen- und Schweifkamm werden dann Verfilzungen und Knoten herausgekämmt.

Auch der Sattel und das Zaumzeug müssen regelmäßig gepflegt werden, damit das Leder nicht hart und brüchig wird.

Zur Reinigung benutzt man Sattelseife und klares Wasser. Danach wird alles mit einem Lappen abgerieben. Die Sattelstrupfen und das Zaumzeug werden mit Lederöl behandelt.

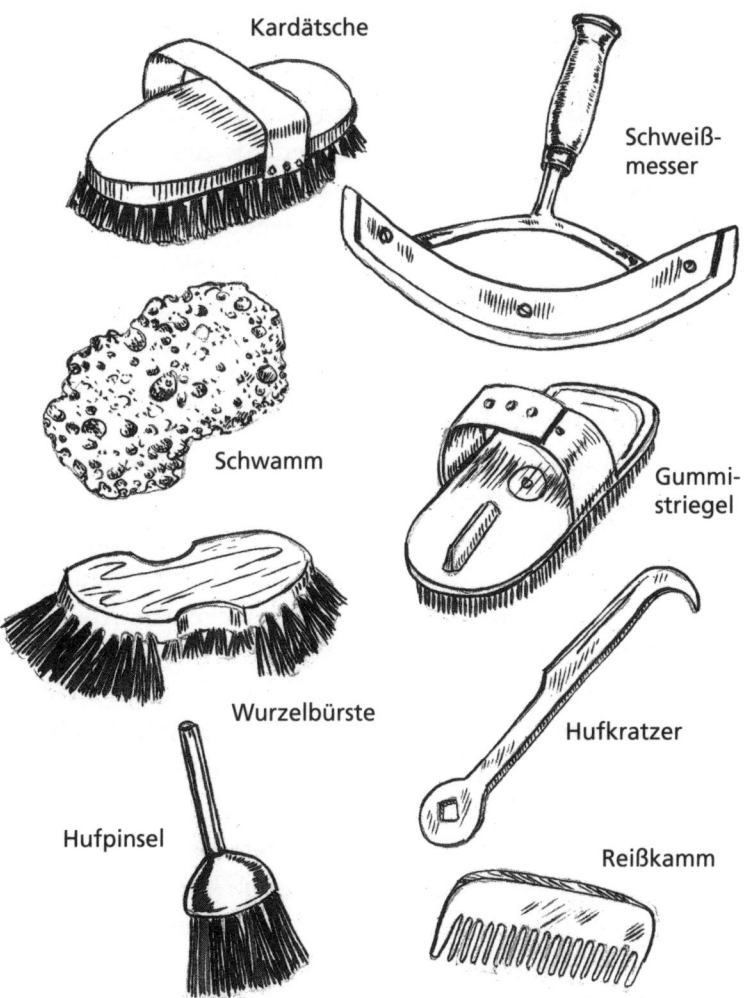

Kardätsche

Schweiß-
messer

Schwamm

Gummi-
striegel

Wurzelbürste

Hufkratzer

Hufpinsel

Reißkamm

Der kleine Hufkurs

„Ohne Huf kein Pferd" lautet eine alte Reiterweisheit. Das Lauftier Pferd braucht unbedingt gesunde und gepflegte Hufe.

Dabei spielt die Pferdehaltung eine große Rolle. Pferde, die den ganzen Tag ohne Auslauf und Weidegang in einer Box stehen, sind besonderen Belastungen ausgesetzt:

- Durch die mangelnde Bewegung fließt das Blut langsamer durch die Beine. Damit bekommen die Hufe auch weniger Nährstoffe zum Aufbau des Horns. Das Pferd leidet dann unter Blutstau und geschwollenen Beinen. Auch die Sehnen und Bänder werden übermäßig belastet, wenn das Pferd lange Zeit ruhig steht.
- Pferdeäpfel und Urin zersetzen sich zu einer scharfen Lauge, die vor allem das weiche Hufhorn angreift. Der Strahl und die weiße Linie sind besonders empfindlich. Zwar wird z. B. Stroh eingestreut, dessen Halme die Nässe aufsaugen und den Kot überdecken, in der engen Box läuft aber das Pferd über diese Stellen und drückt durch sein Körpergewicht die Jauche aus der Streu. Außer-

dem entsteht Ammoniak (das im Stall stinkt), und das ist Gift für die Atemwege des Pferdes!

- Boxenpferde fressen meist das ganze Jahr Heu und Kraftfutter. Gerade dann muss besonders auf die genügende und ausgewogene Zufuhr von Mineralien geachtet werden. Denn durch Mangelernährung bekommen Pferde schnell kranke Hufe!
- Im Stall oder in der Reithalle fehlt die natürliche Versorgung der Hufe mit Wasser. Auf der Weide ist das kein Problem: Früh am Morgen ist das Gras taufeucht, auch bei Regen oder an der Wasserstelle nehmen die Hufe Feuchtigkeit auf. Die Hufe von Boxenpferden müssen deshalb regelmäßig mit Wasser und Bürste gereinigt werden.

Eine artgerechte Pferdehaltung ist die beste Voraussetzung für die Gesundheit des Pferdes. Das Leben im Freien auf Weiden mit trockenen, feuchten, harten und weichen Stellen trainiert die Hufe und hält sie elastisch und belastbar. Hufe wachsen genauso wie bei uns Finger- und Fußnägel. Im Laufe eines Jahres wächst das Hufhorn neu herunter. Deshalb muss es in regelmäßigen Abständen beschnitten werden.

Nun kann nicht jeder selbst die Hufe seines Pferdes ausschneiden und raspeln. Es ist aber gut, wenn man weiß, wie es geht. Meist macht es der Hufschmied alle sechs bis acht Wochen. Als Werkzeuge benutzt er:

- Hufkratzer
- Hauklinge mit Holzschlegel oder Zange
- Hufmesser
- Hufbock

Zuerst stellt der Schmied oder ein Helfer das Pferd auf einen ebenen Untergrund und führt es ein Stück. Der Schmied kann dann genau sehen, wie die Hufe stehen. Er erkennt so, ob das Pferd Stellungsfehler hat und wie er diese korrigieren muss.

Die Hufe werden mit dem Hufkratzer gesäubert. Dann beginnt der Schmied mit der Arbeit:

- Er kontrolliert und bearbeitet die Sohle, den Strahl und die Eckstreben mit dem Hufmesser.
- Die zu lang gewachsenen Wandabschnitte werden mit einer scharfen Zange oder mit der Hauklinge und dem Holzschlegel gekürzt.
- Zuletzt raspelt und feilt der Schmied die Kanten, damit bei Belastung kein Horn ausbricht.

Mit der Sohle, dem Strahl und den Eckstreben des Hufs muss sehr vorsichtig und schonend umgegangen werden. Aus der Sohle wird nur totes und mürbes Material herausgekratzt. Die Sohle ist ein leichtes Gewölbe. An den hinteren Stellen ragen die Eckstreben hervor, die nicht zuwachsen dürfen, da sie beim Laufen wie eine Rutschbremse funktionieren.

Der Tragrand, die weiße Linie und der Sohlenrand bilden die Auflagefläche des Hufes auf dem Boden. Dabei muss der Randbereich der Sohle in Strohhalmstärke noch den Boden berühren, ehe er sich nach innen wölbt.

Der Strahl wird nur beschnitten, wenn faulige Stellen oder Hornfetzen zu sehen sind. Wenn man den Huf hochnimmt, muss der Strahl an seiner höchsten Stelle knapp unter der Linie von Tragrand zu Tragrand liegen. So kann er bei Belastung nicht zu stark gequetscht werden.

Die zu lang gewachsenen Wandabschnitte schneidet der Schmied zurück. Eine Faustregel sagt: „Wo sie hinzeigt, muss sie weg." Das bedeutet, wo das Horn am längsten herausgewachsen ist, wird es mit der Zange, der Hauklinge oder mit der Raspel weggenommen. Jetzt bekommen die Hufe ihre richtige Form: Die vorderen sind fast rund, und die hinteren Hufe haben eine ovale Spitze. Außerdem ist die richtige Winkelung zum Fesselgelenk wichtig.

Zum Schluss kommt die Feinarbeit. Die letzten Unebenheiten lässt die Raspel verschwinden. Dann wird alles mit der Feile geglättet, damit nichts ausbricht.

Ein Kombinationsgerät – auf der einen Seite Raspel, auf der anderen Feile – sollte jeder Pferdebesitzer haben. Wenn mal eine Ecke am Huf ausbricht, kann man damit verhindern, dass noch mehr passiert. Regelmäßiges Feilen hält natürlich auch die Hufe in Form.

Bei der Hufpflege gibt es keinen „Einheitshuf". Je nach Lebensbedingungen und Rasse sind Hufe härter oder weicher, breiter oder schmaler. Es gibt steile Hufe (Bockhufe) und flache. Die Form der Hufe beeinflusst

den Gang des Pferdes. Die Hauptsache ist, dass die Huf-
form und -stellung mit der Winkelung der Beingelen-
ke harmoniert. Starke Stellungsfehler der Hufe müssen
behutsam und langsam korrigiert werden, damit sich die
Sehnen und Bänder der Beine anpassen.

Beim Feilen muss die äußere Schicht des Hufs weitgehend unangetastet bleiben. Diese Glasurschicht regelt
die Aufnahme von Wasser. Wird sie abgeschmirgelt,
nimmt der Huf zu viel oder zu wenig Wasser auf.

Verschwindet diese Schicht von selbst, sollte auf eine
ausreichende Mineralienversorgung im Futter geachtet
und gegebenenfalls Biotin oder Kieselerde zugefüttert
werden. In diesem Fall sollte man den Rat des Huf-
schmieds oder Tierarztes einholen.

Stallhaltung

Der Offenstall

Die Offenstallhaltung ist die beste Form, um Pferde zu
halten. Die Tiere haben so jederzeit die Möglichkeit,
sich draußen aufzuhalten oder in die Hütte zu gehen.

Beim Bau eines Offenstalls muss man grundsätzlich einige Dinge berücksichtigen:

- Das Innere muss zugfrei sein, und die Wände müssen wetterfest isoliert sein.
- Der Stall soll der Anzahl der Pferde entsprechend genügend Platz bieten. So viel, dass sich die Pferde auch aus dem Weg gehen können.
- Bei mehreren Pferden sind getrennte Fressständer sinnvoll.
- Ein abschließbarer Vorratsraum für Heu, Einstreu und Kraftfutter erleichtert die Fütterung.
- Eine separate Box für eventuelle Not- und Krankheitsfälle ist vorteilhaft.
- Der Vorplatz sollte mit Steinen, Kies und Platten befestigt sein, damit der Boden bei längeren Regenfällen nicht aufweicht.
- Zum Offenstall gehört ein großer Auslauf. Den Boden bildet eine dicke Schicht Sand, dessen Oberfläche Wasser gut abfließen lässt.
- An diesen Auslauf sollten genügend große Weiden angrenzen.

Vor dem Bau muss man sich über die örtlich unterschiedlichen Genehmigungspflichten informieren. Auch für den täglich anfallenden Mist muss man Abnehmer finden.

Die Möglichkeiten von vorhandenen Stallgebäuden, weiter entfernt liegenden Sommerweiden oder einem Gemeinschaftsstall sind oftmals vorgegeben. Aber mit einigen Überlegungen und durch Ausprobieren kann man die beste Haltungsform für seine Pferde herausfinden.

Zum Beispiel kann man Pferde von Mai bis Anfang November auf zwei großen Weiden außerhalb des Ortes halten. Sie brauchen dort Wasser, eine Hütte zum Unterstellen oder auch Bäume. Im Winter kommen sie nach Hause. In der Scheune haben sie ihre Boxen. Nach dem Füttern können sie in den angrenzenden Auslauf. Je nach Wetterbedingungen dürfen sie auf eine Winterweide, wo sie unterm Schnee nach trockenem Gras scharren und sich austoben können. Jeder kann so seinen Bedingungen entsprechend für eine artgerechte Pferdehaltung sorgen.

Bei Schutzhütten und Offenställen muss man darauf achten, dass der Eingang breit genug ist. Sonst kann es passieren, dass ein Pferd den anderen den Eingang versperrt.

Ein anderes Problem kann entstehen, wenn man ein Pferd einer robusten, wetterfesten Rasse, wie es Haflinger sind, mit einem empfindlichen Warmblutpferd zusammen hält. Der Haflinger fühlt sich eben auch im Dauerregen und bei Windböen wohl, während das Warmblutpferd vielleicht lieber in die schützende Hütte gehen würde. Besonders wenn das Warmblutpferd sich erst an die Offenstallhaltung gewöhnen soll, wird es aus Unsicherheit und Herdentrieb lieber Kälte und Nässe ertragen, als allein in den Unterstand zu gehen.

In solchen Fällen muss man eingreifen und das Warmblut mit einer Extraration Hafer oder einigen Leckerbissen in die Hütte locken. Wenn es sich erst auf der Weide eingewöhnt hat, wird das Warmblutpferd selbst entscheiden, wohin es gehen möchte.

Boden und Einstreu

Für den Offenstall eignen sich verschiedene Böden:

- der vorhandene Untergrund, meist feste Erde, auf den dann die Einstreu kommt
- ein Boden aus dicken Hartholzblanken oder Steinpflaster mit Einstreu
- zwei Zentimeter dicke Gummimatten mit oder ohne Einstreu

Die Auswahl ist zum einen sicher eine Kostenfrage, hängt zum anderen aber auch davon ab, wo die Pferde Kot und Urin bevorzugt absetzen. Wenn sie dafür einen Platz im Auslauf aussuchen, gibt es keine Probleme. Äpfeln sie aber lieber im Stall, ist trotz Einstreu nach einiger Zeit der Boden aus Erde, Holz und auch Steinen mit Urin durchtränkt.

Da es keine Ideallösungen gibt, muss jeder austesten, was für seine Pferde am besten ist.

Das betrifft auch die Einstreu. Ob man Stroh oder Sägespäne einstreut, sollte man ebenfalls ausprobieren.

Noch ein Tipp für den Standort des Stalles: Für Pferde ist es ungesund, direkt neben Hühnern oder anderem Geflügel zu leben. Sie könnten von der Roten Vogelmilbe befallen werden. Diese Milbe ist nur einen Millimeter groß und hält sich tagsüber unsichtbar in Spalten und Ritzen auf. Erst nachts geht sie auf Wanderschaft, um sich an Tieren – aber auch Menschen – mit Blut voll zu saugen. Im Sommer vermehren sich diese Milben verstärkt. Wenn Pferde befallen sind, jucken sie sich heftig und kratzen sich das Fell weg. Diese Qual kann man seinen Pferden ersparen, wenn man darauf achtet, Geflügel und Pferde nicht direkt nebeneinander zu halten.

Der Auslauf

An den Offenstall muss immer ein Auslauf angrenzen. Im Winter können sich die Pferde in frischer Luft bewegen, und im Sommer kann man Ponys und Robustpferde wie Haflinger dort halten und sie nur stundenweise auf die fetten Wiesen führen. Das ist für Pferde, die nur wenig Futter brauchen, sehr wichtig, weil sie sonst dick und krank werden.

Der Auslauf oder Paddock muss so angelegt sein, dass das Gelände bei Regengüssen und Schnee nicht sumpfig wird. Ein Kiesuntergrund mit einer Oberfläche aus Sand oder Schreddermaterial ist am besten geeignet.

Es ist günstig, einen Auslauf rechteckig anzulegen, weil sich dann die Pferde besser bewegen können. Um das zu verstärken, kann man die Futter- und die Wasserstelle an entgegengesetzten Ecken anbringen.

Die Einzäunung sollte aus Holzstangen und -pfosten mit Elektroband bestehen. Aber auch ein Elektrozaun aus zwei oder drei Bändern in verschiedener Höhe reicht aus.

Manchmal stehen ein oder sogar mehrere Bäume im Auslauf. Sie spenden Schatten, aber Pferde knabbern sie aus Langeweile oder auch aus Appetit an und schälen die Rinde ab. Deshalb muss man sie mit Draht oder einem Holzgestell schützen. Dann können die Pferde sich nicht daran scheuern und reiben. Da aber öfter mal das Fell juckt, ist ein Kratzbaum nötig. Sonst scheuern sich die Pferde an den Pfosten und Wänden des Offenstalls. Als Kratzbaum eignet sich ein alter, abgestorbener Baum. Oder man nimmt einen dicken Pfosten und versenkt ihn zu einem Drittel in der Erde, damit er nicht umkippt, wenn sich ein Pferd daran reibt. Um das Kratzen noch angenehmer zu machen, kann man alte Bürsten an den Stamm nageln.

Heu oder Stroh kann man bei trockenem Wetter draußen im Auslauf füttern. Gute Dienste verrichtet dabei ein alter großer Schlepperreifen, der eine Rundraufe abgibt. Die Pferde stehen im Kreis und fressen. Auf diese Weise können sie sich nicht gegenseitig durchs Futter laufen, und die Fütterung läuft einigermaßen friedlich ab.

Der Laufstall

Als Laufstall eignet sich eine Scheune oder ein ehemaliger Kuhstall. Dort kann man mehrere Pferde frei laufen lassen.

Man muss aber darauf achten, dass die Grundfläche groß genug ist und die Pferde einander ausweichen können, wenn es Rangeleien gibt. Man rechnet im Laufstall für ein Pferd von etwa 1,50 m Widerristhöhe ungefähr 16 bis 20 m² Fläche. Die Ecken des Stalles sind durch Bretter abgeschrägt, sodass kein Pferd in die Enge getrieben werden kann. Auch für Laufställe sind Fressständer sinnvoll, damit jedes Pferd ungestört sein Futter fressen kann.

Ein Laufstall ersetzt aber natürlich nicht den täglichen Auslauf.

Die Weide

Als Weiden bezeichnen wir Wiesen, die eingezäunt sind und auf denen sich Tiere selbst ihr Futter suchen.

Die Lage, die Bodenbeschaffenheit, das Klima, die Feuchtigkeit und die Pflanzenvielfalt bestimmen das Aussehen und die Qualität einer Weide.

Entscheidend ist auch die Beanspruchung der Weide und ihre Pflege. Dazu kommen die Art der Düngung und die Anzahl der Weidetiere.

Jede Pflanze auf der Weide hat ihre besonderen Ansprüche. Manche mögen Sonne, andere Schatten. Die einen bevorzugen feuchten Boden, die nächsten eher sandige lockere Erde. Zusammen bilden sie eine Pflanzengesellschaft. Je mehr Gräser und Kräuter auf einer Weide wachsen, umso vielseitiger, nahrhafter und wertvoller ist das Futter. Pferde fressen das Gras nicht an allen Stellen gleich stark ab. Beliebte Flächen sind aber meistens schon nach kurzer Zeit kahl gefressen. Deshalb müssen die Weiden in regelmäßigen Abständen gedüngt werden.

Um die Düngergaben genau zu dosieren, nimmt man eine Bodenprobe. Das geht so: Mit einem kurzen hohlen Eisenrohr bohrt man an verschiedenen Stellen der Weide etwa 10 cm tiefe Löcher in den Boden. Die ausgestochene Erde kommt in einen Eimer. Dann werden alle Proben gut durcheinander gemischt und 500 g von der Erde in einen Beutel gepackt. Diese Erdprobe schickt man an ein Untersuchungslabor.

Der beste und natürlichste Dünger ist Mistkompost. Dafür lagert man Pferdeäpfel mit Strohstreu auf Haufen und lässt sie zu erdigem, braunem Kompost reifen. Besonders schnell geht das, wenn man Regenwürmer, wie den Roten Mistwurm, diese Haufen durcharbeiten lässt.

Die ideale Pferdeweide hat möglichst viele verschiedene Böden. Harte, steinige Ecken wechseln sich mit weichem Gras und feuchten Stellen ab. Das ist gesund für die Pferdehufe. Bäume, eine Holzhütte oder ein Unterstand sollten auf jeden Fall als Wetterschutz vorhanden sein. Die Pferde benutzen sie auch als Ruheplatz und suchen dort Schutz, wenn die Mückenplage überhand nimmt.

Je nach der Üppigkeit des Graswuchses und dem Zustand der Weide braucht man für jedes Pferd zwischen

5000 qm (Pony) und 10 000 m² (Großpferd) Weidefläche pro Jahr. Die Fläche reicht dann auch für die Heuernte aus. Diese Zahlen sind aber nur Richtwerte, da der Futterbedarf je nach Rasse oft erheblich schwankt.

Die Einzäunung der Weiden sollte aus Holzpfosten und -stangen bestehen, vor die noch ein Elektrozaun geschaltet wird. Beim Beweiden gibt es verschiedene Möglichkeiten.

Man unterscheidet:

- die Standweide
- die Portionsweide
- die Umtriebsweide

Standweide heißt, dass die Pferde ständig die gesamte Weidefläche abgrasen dürfen. Bei der Portionsweide wird immer ein Teil der Fläche freigegeben, den die Pferde abweiden. Der Rest ist durch Elektrozaun abgetrennt.

Für eine Umtriebsweide teilt man die Weidefläche in mehrere Teile. Wenn ein Abschnitt abgefressen ist, werden die Pferde auf den nächsten umgetrieben, sodass das Gras in Ruhe nachwachsen kann.

Besondere Pflege brauchen die Geilstellen, die Plätze, auf denen die Pferde ihren Kot absetzen. Da sie diese

Stellen beim Fressen meiden, wachsen dort nur Pflanzen, die so viel Dünger vertragen. Deshalb empfiehlt es sich, regelmäßig Pferdeäpfel von der Weide abzusammeln und den Bewuchs abzumähen.

Im November ist meistens die Weidesaison zu Ende. Dann wird ebenfalls noch einmal nachgemäht und die Wiese eben gezogen. Diese Arbeit macht man mit dem Traktor mit angehängten und auf den Rücken gelegten Eggen. So wird die Weide geglättet, die Pferdeäpfel werden verteilt, und altes verfilztes Gras wird ausgekämmt.

Dann erholt sich die Wiese über den Winter und sollte bis zum Frühjahr nicht mehr genutzt werden. Zu Beginn des neuen Weidejahres wird diese Prozedur wiederholt, um Maulwurfshügel und im Winter entstandene Unebenheiten auszugleichen.

Bevor die Pferde dann ganztägig wieder auf die Weide kommen, müssen sie langsam an das üppige Grünfutter gewöhnt werden. Sonst bekommen sie Magenschmerzen oder sogar Koliken.

Auf der Weide muss natürlich auch ausreichend Wasser zur Verfügung stehen. Bei Quellen, Bächen oder Flüssen sollte erst ihre Wasserqualität untersucht werden. Sonst kann ein Wagen mit einem Wasserfass auf die Weide gestellt oder täglich Trinkwasser hingebracht werden.

Adressen

Vereinigung der Freizeitreiter
in Deutschland e. V. (VFD)
Am Bauernwald 5 b
81739 München
http://www.vfdnet.de

Westernreiter Union
Deutschland (EWU)
Bundes-Geschäftsstelle
Dorfstr. 5
56305 Niederähren
http://www.ewu-
deutschland.de

Deutsche Reiterliche
Vereinigung e. V. (FM)
Freiherr-von-Laagen-Str. 13
48231 Warendorf
http://www.fn-dohr.de

Schweizerischer Verband
für Pferdesport
Box 726
Papiermühlestr. 40
CH-3000 Bern 22
http://www.svps-fsse.ch

Schweizerischer Verband
für Ponys und Kleinpferde
Sekretariat
Silvia Bürgi
ob. Aareweg 24
CH-3250 Lyss
http://www.svpk.ch

Bundesverband
für Reiten und Fahren
in Österreich
Geiselbergstr. 26-32, 512
A-1110 Wien
http://www.fena.at

Register

Quizfragen
1000 x schon gewusst?

Wer sind die Maori?
Kann man ein Gössel essen?
Quizfragen aus allen Bereichen
entführen dich in ferne Gala-
xien, fremde Erdteile und ver-
gangene Zeiten. Bist du bereit
für das MEGA Quiz?

Rekorde
1000 Höchstleistungen

Alle Rekorde und Superlative
auf einen Blick und mit einem
Griff! Ein unerschöpfliches
Nachschlagewerk mit vielen
faszinierenden Fakten, die
jeden verblüffen und begeistern!

Schülerwitze

1000 Sachen zum Lachen

Kennst du den schon? -
Garantiert nicht!
Hier gibt es jede Menge
tolle Schülerwitze, die du
einfach kennen musst.
Wer da nicht lachen kann,
ist selber schuld!

Wissen

1000 Fragen und Antworten

Wie entstand das Universum?
Woraus besteht der Mensch?
Was ist Kernspaltung?
Spannende Fragen,
verblüffende Antworten –
mit MEGA Wissen hast du
den Durchblick.